とはずがたりの敬語論考

宮内健治 著

はじめに

本書は、筆者が、考察・研究してきた国語学（敬語）と国語教育（古典教育）の論考を一書にまとめたものである。

第一章の「敬語論考」は、とはずがたりと周辺作品の敬語を主に考察した論考である。

第一節「とはずがたりの丁寧語『侍り』と『候ふ』」は、とはずがたりの丁寧語「侍り」と「候ふ」の共存の実相、使用状況、「侍り」と「候ふ」の敬度、位相表現などを考察した。これは、大学の卒業論文として提出し、都留文科大学国語国文学会編『卒業論文集第五号』に掲載した。さらに、卒業論文を抄出して『解釈』（第二五巻五号、昭和五四年四月）に掲載した。

第二節「とはずがたりの尊敬語」は、動作主を話し手が高めて表現する敬語表現（補助動詞）についての考察である。「おはす」「おはします」「せおはします」と「せ給ふ」「させ給ふ」の補助動詞の位相の考察である。

第三節「『如法上下酔ひすぎさせおはしましたる後』考—「如法」の語法—」は、「如法」の辞書の語義、位相表現、使用実態などを考察した。「如法」の辞書の定義、作品別の「如法」使用や偏在する特質の考察をした。

第四節「『春の深山路』の敬語—『侍り』と『候ふ』—」は、「侍り」と「候ふ」の共存の実相、使用状況、「侍り」と「候ふ」の敬度、位相表現などを考察した。鎌倉時代の作品であるが、「とはずがたり」との同一性と相違点などを考察した。

第二章の「古典教育論考」は、国語教育の考察のうち古典教育に関する研究の論考である。

第一節「主体的な読みを支援する古典の指導―平家物語『能登殿の最期』」である。これは基礎・基本を重視しながら、自ら進んで学ぶ態度の育成を図る指導の実践研究である。「平家物語『能登殿の最期』」において主体的な読みを支援するため、能登殿が自分の最期をどのように考えたか、三人の人物との関わりを通して考察した。

第二節「劇化・物語化に発展させる古典指導」は、多様な高等学校の生徒の実態を踏まえて、生徒の興味・関心・意欲を引き出すための指導法である。「理解」と「表現」の関連を図ることによって指導の効率化と学力の定着を図ることを志向した実践研究である。

凡例

一　テキストは、以下のものである。
第一章
　第一節　次田香澄校注『とはずがたり』（校注古典叢書）明治書院　昭和五〇年
　第二節　次田香澄校注『とはずがたり』（校注古典叢書）明治書院　昭和五〇年
　第三節　次田香澄校注『とはずがたり』（校注古典叢書）明治書院　昭和五〇年
　総索引
山田忠雄編『竹取物語総索引』武蔵野書院　昭和二八年、小久保崇明、山田瑩徹編『土左日記（本文及び語彙索引）』笠間書院　昭和五六年、曽田文雄編『「平中物語」研究と索引』渓水社　昭和六〇年、松村博司監修　榊原邦彦他編『枕草子総索引』右文書院　昭和四三年、池田亀鑑編『源氏物語大成』中央公論社　昭和六〇年、小久保崇明編『篁物語―校本及び総索引』笠間書院　昭和四五年、池田亀鑑編『紫式部日記』至文堂　昭和三六年、松村博司編『栄花物語全注釈（栄花物語語句索引自立語編）』角川書店　昭和五六年、秋葉安太郎『大鏡の研究上・下』桜楓社　昭和三五・三六年、今小路覚瑞、三谷幸子『校本讃岐典侍日記』初音書房　昭和五〇年、小林芳規編『法華百座聞書抄』武蔵野書院　昭和五一年、山内洋一郎編『古本説話集総索引』風間書房　昭和四四年、東辻保和編『打聞集研究と総索引』清文堂　昭和五六年、管根順之編『松浦宮物語総索引』笠間書院　昭和四九年、榊原邦彦他編『今鏡本文及び語彙索引』笠間書院　昭和五九年、榊原邦彦『水鏡本文及び語彙索引』笠間書院　平成二年、坂詰力治編『無名草子』笠間書院　昭和五〇年、鈴木一彦他編『たまきはる』明治書院　昭和五〇年、青木怜子編『方丈記総索引』武蔵野書院 昭和四〇年、増田繁夫他編『宇治拾遺物語』清文堂 昭和六二年・鈴木一彦他『海道記』明治書院 昭和五一年、江口正弘編『東関紀行本文及び総索引』笠間書院 昭和五二年、泉基博編『十訓抄本文及び索引』笠間書院 昭和五七年、江口正弘編『十六夜日記校本及び総索引』笠間書院 昭和四七年、次田香澄・酒井憲二編『うたたね本文及び総索引』笠間書院 昭和五一年、小久保崇明、若林俊英編『中務内侍日記本文及び索引』昭和六三年、時枝誠記『徒然草総索引』至文堂 昭和三〇年、大野晋、武藤宏子編『曽我物語総索引』至文堂 昭和五四年、門屋和雄編『増鏡総索引』昭和五三年、大塚光信、天田比呂志編『義経記文節索引』清文堂 昭和五七年

日本古典文学大系 岩波書店

『伊勢物語』・『大和物語』・『落窪物語』・『和泉式部日記』・『堤中納言物語』・『更級日記』・『狭衣物語』・『今昔物語集』・『平家物語』・『保元物語』・『平治物語』

新日本古典文学大系『春の深山路』 岩波書店 平成六年

山田昭全・三木紀人校注『雑談集』 三弥井書店 昭和四八年

第四節 外村南都子校注・訳「春の深山路」『中世日記紀行集』新編日本古典文学全集48 小学館 平成六年

第二章

第一節 日本古典文学大系『平家物語』岩波書店 昭和三四年

第二節 日本古典文学全集『竹取物語・伊勢物語・大和物語・平中物語』小学館 昭和四七年

二 初出に関しては、後の「初出一覧」を参照していただきたいが、単著にまとめるに当たり用語の統一を図ったが、書き直した箇所もある。初出の誤記等は改めた。

目次

第二章　古典教育論考

第一章　とはずがたりの敬語論考

第一節　とはずがたりの丁寧語「侍り」と「候ふ」

一

本稿で扱う丁寧語とは、対者敬語としての「侍り」「候ふ」についての考察である。

平安時代[1]に丁寧語に転じてさかんに用いられた「侍り」は、鎌倉時代になると、「候ふ」にとってかわられた、と一般に説かれている。

「侍り」と「候ふ」の用例数の総計に対する使用率は、『大鏡』[2]においては、八四・三％対一五・七％であるが『今昔物語集』[3]では、三六・二％対六三・八％と逆転し『宇治拾遺物語』[4]では約二九・六％対七〇・四％と次第に「候ふ」が「侍り」を圧倒していった。

『大鏡』[5]では、「侍り」は話し手が聞き手の身分の上下関係に必ずしも拘泥せず、すこぶる広範囲の対象に使用されているのに対し、「候ふ」は話し手よりも聞き手の地位の高い人に対してのみ使用される敬語で、例外はほとんどないといわれている。また、『今昔物語集』[6]では、「候ふ」の方が「侍り」より敬度が高く、「侍り」が単に「候ふ」と交替しただけでなく、敬度を次第に減じつつ消滅していったとされている。これに対し、『宇治拾遺物語』[7]では、「侍り」は特に改まった、丁重な言い方に用い、「候ふ」は上下差が著しい場合もそうでない場合も用い、用法が拡大している。また、『平家物語』[8]では、下位者から上位者に対して「候ふ」

が用いられるのが普通であるといわれている。

『とはずがたり』は、久我雅忠の女であり、後深草院に仕えた二条という女房によって書かれた鎌倉時代の女流日記文学である。[9] 次田香澄は文永八（一二七一）年から嘉元四（一三〇六）年にわたる時期を『とはずがたり』の時代とされている。

鎌倉時代の作品でありながら、『とはずがたり』には多くの「侍り」が用いられている。このような語法上の特徴をもつ『とはずがたり』の「侍り」「候ふ」の使用状態を調査し、そうした諸点を究明することは意義があると考えられる。

なお、テキストには、校注古典叢書『とはずがたり』（明治書院）を用いた。

二

最初に『とはずがたり』の「侍り」「候ふ」の共存事象を考察してみる。

第一表

	侍り				候ふ				合計
	会話文	書簡文	地の文	計	会話文	書簡文	地の文	計	
巻一	30	4	42	76	11	66	6	83	159
巻二	24	6	31	61	67	28	14	109	170
巻三	24	1	39	64	28	3	23	54	118
巻四	33	3	53	89	3	0	5	8	97
巻五	8	0	71	79	3	0	12	15	94
計	119	14	236	369	112	97	60	269	638

『とはずがたり』における「侍り」「候ふ」について、これを巻ごとに会話文・書簡文・地の文に分け、その使用例数を示すと第一表のようになる。「侍り」三六九例、「候ふ」二六九例使用されている。従って、総計六三八例に対する「侍り」三六九例の使用率は五七・八%、「候ふ」のその使用率は四二・二%である。このことにより「侍り」が優勢であることが理解される。

鎌倉時代になると、「候ふ」に圧倒されたといわれる「侍り」が、『とはずがたり』には多くみられるということはその特色として注目される。さらに、「侍り」は地の文に会話文・書簡文の約一・八倍用いられている。「候ふ」は書簡文に多く使用され、それも前半の愛欲篇に限られている。地の文の「候ふ」は用例も少なく、後半の修行篇では古註を除けば一七例だけである。

聞き手に対する敬語「侍り」「候ふ」が会話文に用いられるのは自然である。けれども、『とはずがたり』では「侍り」が地の文にも使用されている。これはいかなる理由によるものだろうか。

地の文の「侍り」は断然補助動詞、助動詞としての用法が多い。

そして、「侍り」が用いられているのは、会話文、書簡文の部分、地の文では物事の描写の部分、作者の体験や回想を述べる部分に多い。院政期の所産である『大鏡』では地の文に「侍り」が八例用いられている。これは[10]「作者の読者への語りかけと思われ、『侍り』のみ使用されているのは、歴史物語の雰囲気を出すための技巧」と説かれている。また、擬古文で書かれている『徒然草』の地の文に「侍り」の使用があり、時枝誠記は、それを[11]「一種の雅語的用法」とされているが、白石大二は[12]「作者が地の文を用いてあるものは、その章段が会話体であることを示す」といわれている。

ところで、『徒然草』に先行して書かれた『とはずがたり』の地の文の「侍り」は、先述のごとく自己の経験や主観などを読者に語りかけようとする対読者意識によるものであろう。そして、中古からみられるへりくだる気持ちの強い「侍り」は、中世に入り、かなり丁重な気持ちを表す表現として定着していったのであろう。

さらに『とはずがたり』は、平安時代からの日記文学の系列に入る作品である。従って、作者は王朝貴族社会を思慕する擬古意識があり、その意識によって当時の一般的な口語「候ふ」よりも「侍り」が使用されていると思われる。しかし、一概に擬古的な言葉であるとは思われない。要するに、「侍り」は文章語として、読者に語りかける姿勢があり、それを反映して「侍り」が用いられたと考えられるからである。

『とはずがたり』の係り結びに注目された山口雄輔によれば、「地の文において、『ぞ』に応ずる結びとしての過去の助動詞『き』は、結びに助動詞に対する割合が約二一%に達する高率である」といわれ、「『とはずがたり』の文章そのものが、対話的であり、しかも自己の体験を確実に過去にあった事実として回想している」と述べておられる。地の文において、「ぞ（こそ）……侍りし（しか）」という用例がしばしばみられることである。ここで注目したいのは、「ぞ……侍りし」は三六例、「こそ……侍りしか」は一三例存する。地の文中の「侍り」の総計二三六例に対する「ぞ……侍りし」三六例の使用率一五・三%であり、「こそ……侍りしか」のそれは、約五・五%である。前半の愛欲篇といわれる巻一、二、三では、「ぞ……侍りし」が多く、後半の修行篇の巻四、五では、「こそ……侍りしか」がかなりみられる。係り結びの用法からみて、確定の係助詞「こそ」「ぞ」について、「こそ」は主観的場面の強調であり、「ぞ」は客観的場面の強調であるといわれている。

そして、この作品では、「ぞ」は会話文ではごく稀で、大部分が地の文に使用され、「こそ」は会話文で地の文の約二倍も用いられている。このことから、主観性が強い「こそ」は会話文に、客観性が強い「ぞ」は地の文に多く用いられていることがわかる。つまり、「ぞ……侍りし」は、「私」という自己の経験や主観をより強く表現するためのものであり、「ぞ……し」に「侍り」を添えることによって、作者が物語という意識をもち、より客体化した表現をしているように思われる。

三

さて、話し手の聞き手に対する敬語「候ふ」の使用を、阪倉篤義[15]の区分によって考察すると、第二表のごとくなる。

「候ふ」は、もと「伺候する」という意の動詞であり、そういう原義をもって早くから用いられていた。第①種の用法は、存在の意の「ある」「いる」を敬語で言う動詞として用いられたもの、第②種の用法は、

第二表

	第①種	第②種	第③種	謙譲語	計
巻一	15	26（形 10、に 9、て 6、にて 1）	35	7	83
巻二	15	45（形 15、に 11、て 13、にて 6）	39	10	109
巻三	9	22（形 1、に 8、て 8、にて 5）	7	16	54
巻四	1	4（形 1、に 0、て 1、にて 2）	1	2	8
巻五	2	10（形 1、に 1、て 7、にて 1）	1	2	15
計	42	107	83	37	269

（注）第2種の用法
形－形容詞、形容動詞、形容詞型活用の助動詞
に－「と」も含む

第①種の用法がさらに形式化されて、「(に)あり」という陳述を表すものの敬語的表現である。具体的には形容詞、形容動詞、形容詞型活用の助動詞や「に(「と」も含む)」「て」「にて」などの下についている場合はこの用法とみなすもの、第③種の用法は、動詞および助動詞(動詞型活用)の下に直接ついているものである。第二表から第①種の用法よりも第②種、③種の用法が断然多いことがわかる。

「候ふ」は平安中期以後、次第に形式化を深めたといわれる。すなわち、形式化した「候ふ」の用いられたのは、主として第①種のものである。それが後に至って第②種、第③種の用法がさかんになって、第①種の用法はそれらに比して、相対的に数が少なくなっていくという傾向を示しだしている。さらに、時代の下った『徒然草』になると、第②種や第③種の用法が圧倒的になり、これらに対して、第①種はむしろ影の薄いものとなってしまっている。ここで「候ふ」は、相手や第三者の存在や動作をいうのに用いられて、全く丁寧語のごとくになってしまっているのである。

さて、『徒然草』に三〇年ほど先行して書かれた『とはずがたり』をみることにする。第①種の用法四二例に対して、第②種や第③種の用法がそれぞれ一〇七例、八三例と圧倒的優勢である。『とはずがたり』は鎌倉時代の作品であり、この作品に第②種や第③種の用法が多いことは、「候ふ」の用法が、時代とともに形式化の用法を強めてきたという証になると思うのである。

四

次に、『とはずがたり』に共存する丁寧語「侍り」「候ふ」との会話性について考察してみよう。

第三表

候ふ			侍り			
$\frac{B}{A+B}\times 100$ (%)	$\frac{\text{Bの用例数}}{\text{Bの全用例数}}\times 100$ (%)	用例数	$\frac{A}{A+B}\times 100$ (%)	$\frac{\text{Aの用例数}}{\text{Aの全用例数}}\times 100$ (%)	用例数	
50.0	50.9	54	50.0	45.7	54	Ⅰ i
57.1	7.5	8	42.9	5.1	6	Ⅰ ii
0	0	0	0	0	0	Ⅰ iii
100.0	1.9	2	0	0	0	Ⅰ iv
50.0	3.8	4	50.0	3.4	4	Ⅰ v
49.3	32.1	34	50.7	29.7	35	Ⅱ i
25.0	1.9	2	75.0	5.1	6	Ⅱ ii
0	0	0	0	0	0	Ⅲ i
0	0	0	0	0	0	Ⅳ i
13.3	1.9	2	86.7	11.0	13	Ⅳ ii
0	0	0	0	0	0	Ⅳ iii
0	0	0	0	0	0	Ⅳ iv
47.3	100.0	106	52.7	100.0	118	計

表注　A：「侍り」　B：「候ふ」

以下、「侍り」「候ふ」の敬度について聞き手を中心に整理し、その特色を明らかにしたいと思う。その考察には、和田英松の『官職要解』を基にした桜井光昭の分類[16]に従って考察したい。

Ⅰ　第Ⅰ群は最高の段階に属すと考えられる聞き手で、それに対する話し手をまとめて挙げた。

i　天皇・上皇を聞き手とするもの

ii　女院・太皇太后を聞き手とするもの

iii　東宮を聞き手とするもの

iv　関白を聞き手とするもの

v　大臣を聞き手とするもの

Ⅱ　第Ⅱ群は第Ⅰ群の聞き手に続く高位の者を対象とした。

Ⅲ　第Ⅲ群は第Ⅱ群に続く聞き手を対象とした。

Ⅳ　第Ⅳ群はその他である。

i　仏神

ii　旅先での関係

iii　特別な利害関係

iv　肉親・男女関係

前述のグループに属する「侍り」と「候ふ」の用例数・使用率は第三表のようになる。以下にその考察をしてみよう。

「侍り」について

(A)　身分がほぼ互格と思われる例

Ⅱｉには、二条[17]↑中綱（一－三九）、二条↑乳母（一－四五）、二条↑有明の月（二－八六）、二条↑隆顕

（二―一一四）、二条→掌侍（三―一一四）

(B)話し手の方が聞き手より地位が高いと考えられる例

Ⅱⅱには、有明の月→後深草院（一―二三）、有明の月→後深草院（三―一四〇）

(C)話し手の方が聞き手より地位が低いと考えられる例

Ⅰⅴには、実兼→二条（一―四八）、実兼→二条（二―一一六）、実兼→久我の尼上（二―一一七）

(D)話し手と聞き手の上下関係が必ずしも明らかでない例

人々→尼たち（一―五〇）、女房→二条（一―六九）、二条→ささがにの女（二―九六）、ささがにの女→二条（二―九七）、女房→二条（二―一〇九）、人々→隆顕（二―一一一）

「候ふ」について

(A)身分がほぼ互格と思われる例

Ⅰⅰには、後深草院→大宮院（一―六六）、後深草院→大宮院（一―七一）、後深草院→大宮院（三―一四九）、亀山院→後深草院（三―一五〇）、後深草院→亀山院（三―一七九）

(B)話し手の方が聞き手よりも地位が高いと考えられる例

Ⅱⅰには、隆親・隆顕→後深草院（一―四九）、隆顕→後深草院（二―八四）、二条→近衛の大臣（二―一二二）、二条→大宮院（三―一五三）、二条→後深草院（三―一八五）

(C)話し手の方が聞き手よりも地位が低いと考えられる例

Ⅱⅰには、二条→稚児（三―一六〇）、二条→召次（四―二一四）

(D)話し手と聞き手との上下関係が必ずしも明らかではない場合

人々→後深草院（一―八〇）

以上の用法をまとめると次のようになる。

「侍り」

一　聞き手のトップクラスは院をはじめとする皇室関係者である。

二　身分が互格とみられるものへの使用、または相互使用の例が多い。その使用の上限は最高段階に至っている。

三　話し手の方が聞き手よりも地位が高いと考えられる例がある。またその反面、地位が低いと考えられる例もみられる。

四　旅先での会話に多くみられる。

五　身分差が著しいと考えられる例はない。

六　雑色、稚児などによる使用は少ない。

七　話し手より聞き手が上位の場合の使用対象の上限は最高段階に至っている。

「候ふ」

一　聞き手のトップクラスは院をはじめとする皇室関係者である。

二　身分が互格のものへの使用、または相互使用の例が多い。その使用の上限は最高段階に至っている。

三　話し手の方が聞き手よりも地位が高いと考えられる例もみられる。

四　旅先での会話に少ない。

五　身分差が著しいと考えられる例がある。

六　雑色、稚児などによる使用は比較的多い。

七　話し手より聞き手が上位の場合の使用対象の上限は最高段階に至っている。

五

次に、会話文に用いられている「侍り」と「候ふ」の敬度について考察してみよう。

Ⅰ　同じ話し手による、または同じ聞き手による待遇が場合によって「侍り」「候ふ」と異なる場合

(i)　話し手が一人で聞き手が異なるもの　該当例なし

(ii)　聞き手が一人で話し手が異なるもの

例1a「……定めて召しあらばまいらせよとて、消息こそ候へ」と……

b「いとやさしくこそ侍れ。こよひの女楽はあいなく侍るべし。……」とて、……（二－一〇九）

aは二条のことを聞かれた召使が後深草院に、bは亀山院が後深草院に用いたものである。aは身分差が著しいため「候ふ」を用い、bは身分差がほぼ互格のため「侍り」を用いたと思われる。

Ⅱ　同じ話し手と聞き手で、一方が「侍り」、他方が「候ふ」で待遇する例

例2a「環御は早く成り侍らん」など申して、……

b「しばしそれに候へ」とおほせらるれば、……（二－八六）

aは二条が有明の月に、bは有明の月が二条に使用した例である。二条と有明の月の最初の出会いの場面で、二人の身分はほぼ互格である。

Ⅲ　「侍り」の相互使用の例

例3a「むかし御所さまに侍りしものなり。ちと見参にいり侍らん」と……

b「年のつもりにや、きともおぼえ侍らず。……」（五－二四七）

aは二条が実兼に、bは実兼が二条に用いたものである。同様の例には、実兼[18]↔二条（一－四七）、女房

↕二条（一－一六九）、二条↕ささがにの女（二－九六）、男二人↕二条（四－二〇六）、二条↕和知の女房（五－一三七）がある。このうち、二条↕和知の女房の例は「候ふ」の例が一例混在している。

Ⅳ　「候ふ」の相互使用の例

例4a「返す〴〵尾藤の仕業に候ひけり。……」と申さる。

　　b「日数のび候へばあしかるべし。いそぎ〳〵」（二－八二）

　aは隆親が隆顕に、bは隆顕が隆親に用いた例である。同様の例には、大宮院↕後深草院（一－一六六）、隆顕↕後深草院（二－八四）、後深草院↕近衛大殿（二－一二二）、二条↕掌侍（三－一四六）、後深草院↕大宮院（三－一四九）、亀山院↕後深草院（三－一四九）、二条↕大宮院（三－一七二）、大宮院↕亀山院（三－一七九）がある。このうち、大宮院↕後深草院（一－一六六）、隆顕↕後深草院（二－八四）、二条↕掌侍（三－一四六）、亀山院↕後深草院（三－一四九）、二条↕大宮院（三－一七二）は、「侍り」が混用されている。

Ⅴ　一つの会話文に「侍り」と「候ふ」が混用されている例

例5…「前斎宮の御わたり、あまりにあひなく、さびしきやうに侍るに、いらせ給ひて、御物語候へかし」……

　これは大宮院が後深草院に対して用いたものである。同様の例として、隆顕↑後深草院（二－八三）、後深草院↑近衛大殿（二－一二三）、二条↑稚児（三－一六〇）、二条↑後深草院（三－一八五）がある。

　以上の考察において、ⅠからⅤまでのうちⅤは混用の例があるため、「侍り」と「候ふ」の敬度について調べる場合、積極的論拠となり得ない。従って、Ⅴを除外してまとめてもいる。

一　「侍り」は、身分の高い人々の間では相互に用いられた例はない。その使用の上限はⅠからⅤまでである。

二　「候ふ」は、身分の高い人々も相互に用いた例がみられる。その使用の上限は最高段階に至っている。

三　「侍り」よりも「候ふ」の方が敬度が高いといえる。

六

次に、身分的にほぼ互格の話し手と聞き手で、一方が「侍り」、他方が「候ふ」で待遇される例はどう考えたらよいであろうか。まず、これについて、以下再掲して考察していく。

例6…「還御は早く成り侍らん(a)」など申して、かへらんとすれば、「しばしそれに候へ(b)」とおほせらるれば、……「故大納言が常に申し侍りし(c)事も、……」（二―八六）

この例は、二条と有明の月が、相互に用いたものである。二条が（a）と（c）の「侍り」を用いたのは、有明の月との最初の場面であるので、改まった物言いをしたからであろう。また、このクラスでの相互使用は「侍り」は一般的であるが、有明の月は（b）の「候ふ」を、[19]一種のフェミニズム的傾向をもって使用したとも考えられる。この「候ふ」が命令形であることも注目される。

次に、話し手の方が聞き手より身分が高いと考えられるものについて考察したい。

例7…「この有さま中〳〵に侍る(a)」とておりず。……「我がもとにいまだあたらしき衣の侍る(b)を、着てまいり給へ。……」などいへども、……（二―九六）

(a)はささがにの女に対する二条に対する会話の中で、(b)は二条がささがにの女に対する会話の中で用いたものである。二条にとって、後深草院に雨中に捨ておかれたささがにの女は未知の人であり、そのことがこのような相互の「侍り」の使用になったのであろう。この例と同様に、未知の人に対しての問いかけの例として、男二人↔二条（四―二〇六）、修行者↔二条（四―二〇八）、和知の女房↔二条（五―二三六）（一例「候ふ」）がある。

例8…「さる事なれども、筋の人などにてもなし。それらまでおほせられ候はん事、あまりに候。……」と

おほせあるに、……（二－八四）

この例は、後深草院が隆顕に対する会話の中で用いたものである。二条が粥杖のとき院を打った咎に外戚のものだけが罪を蒙り、内戚には罪がなかったことを問いつめたものである。ここで院は隆顕に対して、ひけめがあると考えられる。このひけめが「候ふ」を使用させていると思われる。

例9…「地体、兵部卿が老いのひがみ、事の外に候。…いかにかゝる御まつりごとも候ふやらんと覚え候。さても琵琶はすてられて候ひけるか」（二－一二二）

この例は、近衛大殿が二条に話した会話の中での使用例である。この場面は後深草院も同席しており、そのことが心理的な、ひけめとなって、「候ふ」が使用されているのだろう。

例10…新院、

　立ち居くるしき世のならひかな
　憂きことを心ひとつに忍ぶれば
「と申され候ふ心の中のおもひはわれぞ知り侍る」とて、……（三－一八五）

これは後深草院が二条に対する会話で用いたものである。院は二条が有明の月を恋慕していることをすでに知っており、そのことが亀山院をはじめとする一座の人々に漏れてはまずいという配慮によるある種の負い目の心理が感じられる。

以上、考察してきたことをまとめると、次のようになる。

一　一種のフェミニズム的傾向の認められる「候ふ」の例がある。
二　未知の人に対する問いかけは「侍り」が用いられることが多い。
三　上位者が下位者に「侍り」「候ふ」を用いることがある。これは、話し手が聞き手に対する何らかのひけめや負い目の心理が認められる。

七

以上、『とはずがたり』の丁寧語「侍り」「候ふ」について考察してきたが、ここでは要点を述べて、結びとする。

一　鎌倉時代になると、「候ふ」に圧倒されたといわれる「侍り」が、『とはずがたり』で優勢を示し、文章語的な作品としての性格を表している。

二　地の文に「侍り」の使用が多く認められるが、これは対読者意識に基づくものであり、王朝貴族社会を思慕する擬古意識と思われる。

三　「候ふ」は、本動詞の用法よりも補助動詞、助動詞としての用法が圧倒的となり、時代とともに形式化の方向を強めてきた証となる。

四　身分が互格とみられるものへの使用、または相互使用の「侍り」「候ふ」の例がある。

五　「侍り」「候ふ」とも話し手より聞き手が上位の場合の使用対象の上限は最高段階に至っている。

六　「候ふ」は身分差が著しい場合に用いられた例がある。

七　敬度は、「侍り」よりも「候ふ」の方が高いといえる。

八　上位者が下位者に「侍り」「候ふ」を用いることがある。これは、話し手が聞き手に対して、何らかのひけめや負い目の心理が認められることがある。

九　一種のフェミニズム的傾向の「候ふ」の使用例がある。

一〇　「侍り」には、当時の口語「候ふ」の反映が認められるものがある。

〔注〕

（1）吉沢義則『国語史概説』（立命館大学出版部　昭和二一年）一三八頁、松村明編『日本文法大辞典』（明治書院　昭和四六年）の杉崎一雄「侍り」の項等。

（2）小久保崇明『大鏡の語法の研究』（さるびあ出版　昭和四二年）一九〇頁

（3）桜井光昭『今昔物語集の語法の研究』（明治書院　昭和四一年）九頁

（4）佐藤武義「国語史上からみた『宇治拾遺物語』の『侍り』と『候ふ』」（『国語と国文学』昭和四八年一一月）三八頁

（5）注（2）著　一九〇頁

（6）注（3）著　一八頁

（7）注（4）論文　四五頁

（8）西田直敏「平家物語の『候ふ』」（『国語と国文学』昭和四三年二月）八八頁

（9）次田香澄校註『とはずがたり』（日本古典全書　朝日新聞社　昭和四一年）三頁

（10）注（2）著　一九〇頁

（11）時枝誠記『日本文法　第2　文語篇』（岩波書店　昭和四五年）六三頁

（12）白石大二「徒然草と中世語法」『講座解釈と文法第5』（明治書院　昭和三四年）一八七頁

（13）「『とはずがたり』の係り結び」（「立正女子大（文教大学）国文創刊号」昭和四七年三月）四九頁

（14）小久保崇明「係助詞『こそ』『ぞ』の強弱について」（『解釈』昭和三一年五月）三一頁

（15）阪倉篤義「『夜の寝覚』の文章」『国語と国文学』昭和三九年一〇月　一四八頁、のち『文章と表現』（角川書店　昭和五〇年六月）四五頁

（16）注（3）著　一〇頁以下

（17）以下↑の印で、聞き手↑話し手の関係を表す。また、（一 - 三九）は巻一の三九頁にあることを示す。

（18）以下↕の印で相互使用を表わす。

（19）森野宗明「古代の敬語Ⅱ」『講座国語史5　敬語史』（大修館書店　昭和五三年）一〇五～一〇七頁

第二節　とはずがたりの尊敬語

一

ここで扱う尊敬語とは、動作主を話し手が高めて表現する敬語表現についての考察である。

『とはずがたり』は、後深草院二条の手に成る、文永八年（一二七一）から嘉元四年（一三〇六）にわたる自伝的日記文学である。(1) 内容は前半（巻一、二、三）の、後深草院の寵愛を受け始めた作者一四歳の春から御所を退出するまでの生活を描いた愛欲篇、後半（巻四、五）では出家後の作者が、西行を慕い、諸国行脚の旅をする修行篇に分けられる。(2) そして敬語表現が主として見られるのは「地の文」と「会話文」である。そのほか、申し文など「書簡文」にも敬語表現がみられる。

ここでは、尊敬語のうち敬意が漠然としている本動詞は除外し、敬意の度合いが測れる補助動詞について考察することにする。

敬語を敬意の度合によって位置づけることは大切であるように思う。まず、根幹となる二つのグループを挙げると、

第一は、「おはす」「おはします」「せ（させ）おはします」（以下「せおはします」「させおはします」の二重敬語を「せおはします」と呼称）のグループ、

第二に「給ふ」「せ（させ）給ふ」（以下「せ給ふ」「させ給ふ」の二重敬語を「せ給ふ」と呼称）のグループである。

以下、『とはずがたり』の尊敬語の補助動詞の様相を地の文を中心に考察してみたい。

なお、テキストには、『とはずがたり』校注古典叢書（明治書院）を用いた。

二

最初に『とはずがたり』の地の文に用いられた尊敬の補助動詞「おはす」「おはします」「せおはします」の使用例数の分布を示すと、第一表のようになる。

まず、「おはす」は七例用いられ、前半に限られている。

次の

第一表

	おはす	おはします	せおはします
巻一	3	2	21
巻二	2	0	18
巻三	2	2	9
巻四	0	0	11
巻五	0	2	53
合計	7	6	112

① 東路などをわけん心地するに、行きつきてみれば、猶ながらゐでおはしけりと、……（一―三二⑤）[3]
② さても去年いでき給ひし御かた、人しれず、隆顕のいとなぐさみぐさにておはせしが、……（二―六一⑭）
③ なに心なく笑み給ひし御面影の、たがふ所なくおはせしを、……（二―六四⑧）
④ 去年、後院別当とかやに成りておはせしかば、……（二―七八⑩）
⑤ 河内の国さらゝといふ寺に、五百戒の尼衆にておはしけるよし、……（二―九七⑪）
⑥ あけ行く鐘とゝもに、をのこにてさへ、おはするを、……（三―一五五⑭）
⑦ 檀那院の公誉僧正、阿弥陀院の別当にておはするに、……（三―一七二③）

の七例である。①は雅忠に対する尊敬表現であり、以下②は院と二条の子、③若宮（皇子）、④花山院太政大臣、⑤五百戒の尼衆、⑥有明の男子、⑦公誉僧正に対する尊敬表現であり、天皇、上皇、女院、后など敬度のきわめて高い人々に用いられた用例はない。

次に、地の文に用いられた尊敬の補助動詞「おはします」「せおはします」の敬度についてその特色を明らかにしたい。その考察には、和田英松の『官職要解』を基にした桜井光昭[4]の分類に従って考察したい。

Ⅰ　第Ⅰ群は、最高の段階に属すと考えられる聞き手でそれに対する話し手をまとめて挙げた。

ⅰ　天皇・上皇を聞き手とするもの
後深草院、亀山院、後嵯峨院、伏見院、高倉上皇、崇徳上皇、後鳥羽院

ⅱ　女院、太皇太后を聞き手とするもの
大宮院、東二条院、遊義門院、斎宮（愷子内親王）、京極女院、惟康親王、宗尊親王、久明親王

ⅲ　東宮を聞き手とするもの
熙仁親王（伏見院）

iv　関白を聞き手とするもの
近衛大殿
v　大臣を聞き手とするもの
今出川の右の大殿（兼季）
Ⅱ　第Ⅱ群は第Ⅰ群の聞き手に続く高位のものを対象とした。
i　兵部卿隆親、善勝寺大納言隆顕、父雅忠、御匣殿、二条、中御門経任
ii　僧、真喜僧正、有明の月
Ⅲ　第Ⅲ群は第Ⅱ群に続く聞き手を対象とした。
Ⅳ　第Ⅳ群はその他である。
i　仏神
春日神社の神木、神剣、伊勢の紙神、祇園社（牛頭天王）、鶴岡八幡宮、熱田神宮御殿、日本武尊、雷、厳島神社の社殿、小朝熊の宮、阿弥陀如来、老翁、熊野権現
ii　旅先での関係
飯沼の判官新左衛門
iii　特別な利害関係
iv　肉親・男女関係

前述のグループに属する「おはします」「せおはします」の用例数・使用率は第二表のようになる。以下にその考察をしてみよう。

まず、「動詞の下にある『おはします』は、尊敬の補助動詞『給ふ』（四段）とほぼ同意」(5)であるということに関して吟味したい。尊敬の補助動詞「おはします」の地の文で用いられた例は、例えば、

⑧　又いかならむと思ふほどもなく、ひきあけつゝ、いとなれがほに入りおはしまして、……（一―一八⑥）

⑨　まして、いかなる道にひとり迷ひおはしますらんなど……（五―二六九⑥）

第二表

	用例数	%		用例数	%
Ⅰ i	2	33.3	Ⅰ i	79	70.5
Ⅰ ii	3	50.0	Ⅰ ii	30	26.8
Ⅰ iii	0	0	Ⅰ iii	2	1.8
Ⅰ iv	0	0	Ⅰ iv	0	0
Ⅰ v	0	0	Ⅰ v	0	0
Ⅱ i	0	0	Ⅱ i	0	0
Ⅱ ii	0	0	Ⅱ ii	0	0
Ⅲ i	0	0	Ⅲ i	0	0
Ⅳ i	1	16.7	Ⅳ i	1	0.9
Ⅳ ii	0	0	Ⅳ ii	0	0
Ⅳ iii	0	0	Ⅳ iii	0	0
Ⅳ iv	0	0	Ⅳ iv	0	0
計	6	100.0	計	112	100.0

などは尊敬の補助動詞「給ふ」と同意ではない。⑧は尊敬表現で「入り来」という複合動詞の尊敬体である。また、⑨は後深草院に対する尊敬表現であり、一般には動詞に接続している補助動詞といわれるが、補助動詞「給ふ」とは異なっている。[6] この「おはします」は、「……（て）居る」の意を敬っている。このような複合動詞の尊敬語を作るもの、並びに「……（て）居る」の尊敬体を表す「おはします」は、尊敬の補助動詞「給ふ」と同次元で論じることはできない。

さらに、「おはします」で待遇しているのは、後深草院のほか、京極院（亀山院皇后）、遊義門院、観音などその敬度はかなり高い。

次に、「せおはします」をみると、「おはします」に比べ夥しく現出している。例えば、

⑩　うちへころばしゝこそ、本意なく覚えさせおはしましかども、……　　（一－二四④）

⑪　一三日の夜よりは、物などおほせらるゝ事もいたくなかりしかば、かようの無常も知らせおはしますまでもなし。　　（一－二六⑪）

⑫　持明院殿の御所、門まで出でさせおはしまして、……　　（五－二五〇⑬）

がある。⑩は後深草院、⑪は後嵯峨院、⑫は伏見院に対する尊敬表現で、天皇を中心とした敬度のきわめて高い敬語である。

ところで、鎌倉時代に「わたる」が「せおはします」を伴って最高の敬度を有した「わたらせおはします」が七例、同じく「入る」が「せおはします」を伴った「入らせおはします」が二四例も使用されているのは注目すべきである。

例えば、

⑬　同じさまにわたらせおはしませば、……　　（二－八九⑬）

⑭　このたびは、女院の御方ばかりわたらせおはしますらん御心の中、……　　（五－二五二②）

⑮　いかにかはる御気色みゆるとて、御所へ申したれば、入らせおはしましたるに、……　　（一－二三①）

⑯　うちやすみてゐたる所へ、ふと入らせおはします。　　（三－一八三③）

などは、⑬は後深草院に対する尊敬表現であり、以下⑭は遊義門院、⑮⑯は後深草院に対する尊敬表現である。すなわち、天皇、上皇、女院、后、宮など皇族のトップクラスに属する人々に対して用いられる敬語である。

以上、述べてきたことを要約すると、「せおはします」が最も敬意が高く、いわゆる絶対的敬語であり、「お

はします」は話し手の特別な敬意を示す最高敬語と考えられ、「おはす」の低い尊敬表現とはすこぶる異なる。従って、天皇に対する尊敬表現は「おはす」にはみられず、絶対的敬語の「おはします」か「せおはします」で待遇する。要するに、「おはします」と「おはす」の関係は、尊敬の補助動詞「給ふ」と二重敬語「せ給ふ」との関係とは異次元のものであり、「おはす」系と「給ふ」系と同質のものとして敬度の上から論じることはできない。

三

次に、地の文に用いられた尊敬の補助動詞「給ふ」「せ給ふ」の使用例数の分布を示すと、第三表のようになる。

第三表

	給ふ	せ給ふ
巻一	68	36
巻二	41	22
巻三	66	20
巻四	30	2
巻五	20	5
合計	225	85

また、「給ふ」「せ給ふ」について、二での敬度の分類に従うと、その用例数・使用率は第四表のようになる。以下にその考察をしてみよう。

第四表

給ふ

	用例数	%
Ⅰ i	78	34.7
Ⅰ ii	29	12.9
Ⅰ iii	1	0.4
Ⅰ iv	7	3.1
Ⅰ v	22	9.8
Ⅱ i	13	5.8
Ⅱ ii	52	23.1
Ⅲ i	0	0
Ⅳ i	22	9.8
Ⅳ ii	1	0.4
Ⅳ iii	0	0
Ⅳ iv	0	0
計	225	100.0

せ給ふ

	用例数	%
Ⅰ i	59	69.4
Ⅰ ii	13	15.3
Ⅰ iii	2	2.4
Ⅰ iv	1	1.1
Ⅰ v	0	0
Ⅱ i	0	0
Ⅱ ii	8	9.4
Ⅲ i	0	0
Ⅳ i	2	2.4
Ⅳ ii	0	0
Ⅳ iii	0	0
Ⅳ iv	0	0
計	85	100.0

尊敬の補助動詞「給ふ」と二重敬語「せ給ふ」の相違は、説かれる[7]がごとく、中古では尊敬の度合いによって使い分けられているようである。

そこで、『とはずがたり』では、尊敬の補助動詞「給ふ」と二重敬語「せ給ふ」との相違が尊敬の差異によるものであるかを吟味してみよう。結果的にいえば、「給ふ」と「せ給ふ」との相違は、「せ給ふ」が高い敬度を示し、「給ふ」の方が、より低いようである。

「給ふ」についてみると、例えば、

⑰「ことありがほなる朝がへりかな」ひとりごち給ひて、……（一—一六③）

⑱つゐに教化の言葉にひるがへし給ふ御けしきなくて、……（一—二七④）

⑲色なき狩衣きたる者二三人みえてかへり給ひぬるなごりも……（一—五三⑫）

⑳まことや、斎宮は後嵯峨院の姫宮にて物し給ひしが、……（一—六五③）

㉑袂はきながらほころびぬれども、放ちたまはず、……（二—一二五⑮）

㉒大納言声づくりして、なにとやらんいふ音して、帰りたまひなどするが、……（二—九九④）

㉓名残あるほどにてはてぬれば、宮のかたにて初夜つとめてまかり出で給ひぬる名残の空も、……（三—一四五⑧）

㉔祇園の社におびたゝしく木ども植ゆることありしに、まことに神の託し給ふ事にてもあり、……（三—一七二①）

㉕新院の御歌は、内の大臣かき給ふ。（三—一八〇⑦）

㉖若宮の御社はるかにみえ給へば、……（四—一九三⑤）

㉗新左衛門と申し候ふが、その中にのぼるに、流され人ののぼり給ひしあとをば、……（四—一九八⑬）

をみると、まず天皇・院（⑰は後深草院、⑱は後嵯峨院　他に亀山院、後鳥羽院、伏見院、高倉上皇など）に対する待遇表現にもみられるが、⑲実兼、⑳斎宮（愷子内親王）、㉑近衛大殿、㉒善勝寺大納言隆顕、㉓有明の月、㉔祇園社（牛頭天王）、㉕内大臣家基、㉖鶴岡八幡宮、㉗飯沼の判官新左衛門に多く用いられている。天皇では後深草院に対して六一例と最も多く、また、有明の月に対して五一例、実兼に対して一四例などもついで多い。

これは、作者二条と直接交渉のあった親しい人物に対して待遇する場合が多いからである。つまり、「給ふ」

には幅があり、上は天皇から下は兵部卿、公卿たち旅先での人物など広い範囲で待遇する敬語である。特に、後半（巻四、五）に仏神に対しての崇敬表現がしばしば用いられる。例えば、春日神社、熱田神宮御殿、日本武尊、雷、小朝熊宮、厳島神社の社殿、阿弥陀如来、熊野権現などである。これらは二条が出家後諸国行脚の旅に出るいわゆる修行篇とも関連して注目される。

次に、二重敬語「せ給ふ」についてみると、

㉘　新院、御なげきなべてにはすぎて、よるひる御涙のひまなくみえさせ給へば、……（一－二七⑫）

㉙　大宮院、御紋紗の薄墨の御鈍色の御衣ひき掛けさせ給ひて、……（一－六七⑪）

㉚　東宮に立たせ給ひて、……（一－六六③）

㉛　「まづのめ」と御言葉かけさせ給ふ。（二－八八⑤）

㉜　御身づからさま〴〵に書かせ給ひたる文なり。（三－一七〇③）

㉝　あはれにかなしきことのみ色そひて、秋しもなどかと公私おぼえさせ給ひて、……（五－二五三⑪）

㉘は後深草院に対する尊敬表現、以下㉙は大宮院、㉚は東宮（伏見院）、㉛は亀山院、㉜は東二条院、㉝は伏見院などに対する尊敬表現であり、天皇、院、后を中心とした人物に対して多くの使用例がある。このうち、後深草院に対して四七例も使用されている。また、有明の月に対して八例、神剣、春日神社の御神木に対して一例ずつ用いられている。従って、尊敬の補助動詞「給ふ」と二重敬語「せ給ふ」では、他の作品同様「せ給ふ」に尊敬の度合いが高い。

ところで、鎌倉期に「わたる」が「せ給ふ」を伴って、最高の敬度を有した「わたらせ給ふ」が五例、同じく「入る」が「せ給ふ」を伴った「入らせ給ふ」が三二例も使用されている。例えば、

㉞　この御所は、大井殿の御所にわたらせ給ひて、……（二－二五⑫）

㉟　このたびは姫宮にてわたらせ給へども、……（一－二四⑥）

㊱　嵯峨御幸なる。御輿にていらせ給ふ。（一－二五⑥）

㊲　御所は菊を織りたるうす色の御直衣に、御大口にて入らせ給ふ。……（二－九五⑪）

㉞は後深草院に対する尊敬表現であり、㉟は遊義門院など、㊱は後嵯峨院、㊲は後深草院に対する尊敬表現である。すなわち、天皇・上皇・女院・后・宮など皇族のトップクラスに対して用いられる敬語である。

ところで、「わたらせ給ふ」「入らせ給ふ」と前述した「わたらせおはします」「入らせおはします」との相違は、尊敬の度合いの差異によるものであるか、ここでは吟味する余裕はないが、このような敬語が『宇治拾遺物語』『平家物語』『太平記』等[8]鎌倉期の作品上で鎌倉期の作品であることを濃厚に反映しているのではないか。

以上述べてきたことをまとめると、尊敬の補助動詞「給ふ」と二重敬語「せ給ふ」が敬意の高い人「給ふ」はそれよりやや低い人と思われるものに対する尊敬表現である。つまり、「せ給ふ」が「給ふ」より敬度が高いといえる。また、鎌倉期にみられる「わたらせ給ふ」「入らせ給ふ」の使用例があり、その敬度はきわめて高い。

四

三で尊敬の補助動詞「給ふ」と二重敬語「せ給ふ」では、「せ給ふ」の方が「給ふ」より敬度が高いことがわかるが、次のような例がある

㊳　さても、安芸国厳島の社は、高倉の先帝も御《み》ゆきし給ひける、……（五－二三四⑥）

㊴　松山の法花堂は、如法おこなふ景気みゆれば、しづみ給ふ　ともなどかと、……（五－二三八⑮）

㊵　後鳥羽院の御太刀をはるかにうつされ給ひけるころとかや……（二－三三⑬）

㊳は高倉上皇、㊴は崇徳上皇、㊵は後鳥羽院に対しての尊敬表現であるが、天皇に対しての用例の存することは注目される。この用例を検討すると、現時点すなわち当代を起点として、かなり前代の人物に対して用いられていることが理解される。つまり、当代を遡る昔を、敬語意識として重視せず、現在時点を重くみているという現象は特異なものとして注目したい。これはすでに『大鏡』[9]でも説かれていることでもある。

ところで、ある人物に対してある場面で集中して敬語が使われる場合がある。

㊶　遊義門院御幸、まづいそがるゝとて、御車寄すると見まゐらすれば、又まづしばしとてひきのけて、帰り入らせおはしますかと覚ゆること二三度になれば、……あはれにかなしく覚えさせおはしまして、……又たち返らせおはしましぬるにやと聞ゆ、召されて後も、ためしなき御心まどひ、よその袂もところせきほどに聞こえさせおはしませば、心あるも心なきも、袂をしぼらぬ人なし。（五－二四五）

この例は、二条が西国の旅から帰京し、東二条院の病を聞き、見物に参上すると、遊義門院が母東二条院の御臨終のお姿を名残惜しく思われ、病室に戻っていかれる様子も再三あったという哀切な場面であった。ここで用いられている「せおはします」は、すべて遊義門院に対する尊敬表現である。このようにある人物に対しある場面で集中的に敬語が、用いられることを述べておきたい。なぜ、かかる現象が現出するのかは今後の課題としたい。

五

以上、『とはずがたり』の尊敬語のうち、補助動詞を主として考察してきたが、ここでその要点を述べて、結びとする。

一　「せおはします」が最も敬度が高く、いわゆる絶対的敬語であり、「おはします」は話し手の特別な敬意を示す最高敬語と考えられ、「おはす」の低い尊敬表現とはすこぶる異なる。要するに、「おはします」と「おはす」の関係は、尊敬の補助動詞「給ふ」と二重敬語「せ給ふ」との関係とは異次元のものであり、「おはす」系と「給ふ」系とを同質のものとして敬度の上から論じることはできない。

二　尊敬の補助動詞「おはす」に、天皇、上皇、女院、后など敬度のきわめて高い人々に用いられた用例はない。また、動詞の連用形に直接承接した例もない。

三　複合動詞の尊敬語を作るもの、並びに「……（て）居る」の尊敬体を表す「おはします」は尊敬の補助動詞「給ふ」と同次元で論じることはできない。

四　尊敬の補助動詞「給ふ」と二重敬語「せ給ふ」では、他の作品同様「せ給ふ」の方が敬度が高い。

五　「給ふ」には幅があり、上は天皇から下は兵部卿、公卿たち、旅先での人物など広い範囲で待遇する敬語である。特に後半（巻四、五）に、仏神に対しての崇敬表現がしばしばみられる。

六　「わたらせおはします」「入らせおはします」「わたらせ給ふ」「入らせ給ふ」の用例があり、その敬度はきわめて高い。

七　尊敬の補助動詞「給ふ」で待遇されている高倉上皇、崇徳上皇、後鳥羽院などの天皇の例を検討すると、当代を遡る昔を、敬語意識としては比較的重視せず、現在時点を重くみている。

〔注〕

（1）次田香澄校注『校注古典叢書とはずがたり』（明治書院　昭和四五年）二七九頁

（2）松本寧至訳注『とはずがたり下巻』（角川文庫　昭和四二年）七六頁

（3）（一－三二⑤）は、巻一の三二頁五行目にあることを示す。

（4）桜井光昭『今昔物語集の語法の研究』（明治書院　昭和四一年）一〇頁

（5）橘純一・慶野正次『大鏡通釈』（武蔵野書院　昭和三三年）四頁
（6）小久保崇明『大鏡の語法の研究　続』（桜楓社　昭和五二年）九一頁
（7）築島裕「平安時代の敬語接尾語『たまふ』『らる』類について」（「国語と国文学」昭和二七年二月）
玉上琢弥「敬語の文芸的考察―源氏物語の本性（其二）」（「国語国文学」）昭和二七年二月）
（8）西田直敏『平家物語の文体論的研究』（明治書院　昭和五三年）一九〇頁
桜井光昭「近代の敬語Ⅰ」『講座国語史5敬語史』（近代の敬語Ⅰ）（大修館書店　昭和五三年）二二六頁
（9）小久保崇明『大鏡の語法の研究』（さるびあ出版　昭和四二年）一三八頁

第三節　「如法上下酔ひすぎさせおはしましたる後」考

―「如法」の語法―

一

『とはずがたり』の巻一に「如法上下酔ひすぎさせおはしましたる後」とある。この「如法」についていささか触れたい。

この「如法」について辞典には、次のようにある。

『古語大辞典』（中田祝夫、和田利政、北原保雄編、小学館）では、

にょ―ほふ【如法】㊀［形動ナリ活］《「法の如し」の意》①仏教語。仏の教えの通りであるさま。方式通りだ。②法にかなっているさま。理にかなっているさま。（例文略）③穏やかなさま。柔和だ。㊁〔副〕①もとより。いうまでもなく。「夜半の事なれば、内侍も女官も参り給はずして、賢所を出だし奉るにも及ばず」〈平家・一一・鏡〉「―御所よりあなたもこなたを尋ねられ、雪の曙も山々寺々までも思ひ残すくまなくたずねらるる由聞けども」〈とはずがたり・三〉②文字通り。たいそう。ひどく。「紙三、四枚ばかりの後より―涙を流して聴聞しける」〈雑談集・八〉「―上下酔ひすぎさせおはしましたる後」〈とはずがたり・一〉

『角川古語大辞典』（中村幸彦、岡見正雄、阪倉篤義編、角川書店）では、

にょほふ【如法】「ニョホウ」（前田家本字類抄）㊀名・形動ナリ①仏語。イ　仏の教法教説のとおりで

あること。また、そのように真正仏教を実践しているさま。「傳殿・この入道殿二所は、如法に孝じたてまつりたまひけりとぞ。うけたまはりし。」〈大鏡・道兼伝〉「聖武天皇の御宇、唐朝の竜興寺の鑑真和尚、我国に来たり給ひて如法の受戒始て行ず。如法の持斎梵行、殆ど在世の如くなりるにや」〈雑談集・九〉「今に至るまで、其の妙行片時も解る事無ふして、如法如説の勤行たり。」〈元和整版本太平記・一一〉ロ　仏教での所定の方式どおりであること。またそのさま。〈用例略〉②一般に、形式にかなっていること。型どおりであること。正規のさまであること。〈用例略〉③性格や行いが尋常で穏やかなこと。温厚。〈用例略〉[二]〈副〉①現に知覚認識されるとおりで間違いようもないくらいに。文字どおり。全く。すっかり。「如法機量なる人も、をしへをうけずして、雅意にまかせてよみいたれば、口の自然に邪にをもむく事の候なる」〈毎月抄〉「如法、夜半の事なれば、内侍も女官も参り合はずして」〈平家・一一・鏡〉「如法、折れこだれたる九献の式のあるに」〈とはずがたり・一〉②たいそう。ひどく。「如法世間熱し、身心苦悩して、僧衆心経法華の法味をささぐるに雨降らし給はず。」〈雑談集・九〉「そののち十日ばかり、如法大事に病みて侍りしも、いかなりける事ぞとおそろしくぞ侍りし」〈とはずがたり・二〉「然るに如法飢へたる風情を見て」〈三国伝記・四〉

二種の大辞典ともに、[一]形容動詞ナリ活用（角川版は「名詞」併記）、[二]副詞の用法を挙げている。

二

第一表は、中古から中世にかけての主要作品における「如法」の使用度数をまとめたものである。この第一表から中古の作品には使用例がない点、院政期以降の五作品（『大鏡』、『今昔物語集』、『平家物語』、『雑談集』、『とはずがたり』）に使用例があることがわかる。以下、使用例がある五作品について、使用実態をみることにする。

第一表

作品名	如法の数
竹取物語	0
伊勢物語	0
土左日記	0
大和物語	0
平中物語	0
落窪物語	0
枕草子	0
源氏物語	0
和泉式部日記	0
篁物語	0
紫式部日記	0
堤中納言物語	0
更級日記	0
狭衣物語	0
栄花物語	0
大鏡	3
讃岐典侍日記	0
今昔物語集	3
法華百座聞書抄	0
古本説話集	0
打聞集	0
松浦宮物語	0

作品名	如法の数
今鏡	0
水鏡	0
無名草子	0
方丈記	0
たまきはる	0
保元物語	0
平治物語	0
平家物語	2
宇治拾遺物語	0
海道記	0
東関紀行	0
十訓抄	0
十六夜日記	0
うたたね	0
中務内侍日記	0
春の深山路	0
雑談集	17
とはずがたり	8
徒然草	0
曽我物語	0
増鏡	0
義経記	0

『大鏡』[1]の使用例は三例である。

(1)「如法にをこなはせ給し。」(頼忠九二⑪)

(2)「ゆあむし、時などかぎりなく如法に供養せさせ給ひ、……」(頼忠九二⑬)

(3)「如法に孝じたてまつりたまひけりとぞ。」(道兼二〇二⑧)

『今昔物語集』[2]には三例ある。

(1)其の木の空に住して、如法に法華経精進し書給ふ。(一一27)

(2)訴へて宣はく「此の僧は既に如法の行者也」(一七18)

(3)戯ぶれに木を刻みて地蔵と名づけて、如法の供養を至さねども地蔵の利生は此在ましけり。(一七19)

『平家物語』[3]の使用例は二例である。

(1)「前権少将僧都顕真、日吉の社にして如法に法花経一万部転読すること有り。」(平家・一一・鏡)校注に「法式の通り。」

(2)「如法、夜半の事なれば、内侍も女官も参り合はずして、かしこ所をいだし事にも及ばず。」(平家・一一・鏡)校注に「まったくの夜中」とある。

『雑談集』[4]の使用例は一七例である。

(1)然るに万法となるといふといへども、如法の中に湿性共せず。(巻一)

(2)欣慕の心をすすめ愛楽の志深くして習いぬれば重々貴く思いて、如法に修行する故なり。(巻三)B

(3)伴の口行ぜざらん哉。但し如法は殊勝なり。(巻七)

(4)譬ば食物の精美ならむは如法の行の如し。(巻七)

(5)如法は歎きて「阿弋の方地を多からに寺下の方に打越して御無沙汰なし」と。(巻八)

(6)僧の次第に多くなるまゝに、如法なるはすくなく、不調の者の多く聞へ侍り。(巻八)

(7) 誠に貴げなる気色にて、紙三四枚ばかりの後より如法涙を流して聴聞しける。（巻九）
(8) 如法世間熱し身心苦悩して僧衆心経法華法味をささぐるに雨ふらし給はず。（巻九）
(9) 開山の返答に、「宋朝の僧は座禅を如法にして限りあり。」（巻九）
(10) 聖武天皇の御宇唐朝の龍興寺の鑑真和尚我国へ来り給ひて如法の受戒始行。（巻九）
(11) 如法受斎梵行在世の如くなり。（巻九）
(12) 仍ち唐朝の如く、如法の僧儀の寺院興隆の志のよし、（巻九）
(13) 当時の建仁寺建立御法。随分に如法ならむと思侍りし。（巻九）
(14) 其時の僧は律師も禅師も如法なるは多く不法はすくなく聞き、（巻九）
(15) 不法の僧は多し。如法なるはすくなし。（巻九）
(16) 僧堂なども如法わろくせばく、寮などもなくて、（巻九）
(17) かすかなる仏法の道理、いかゞたやすく聞き又行じ如法ならんや。（巻九）

以上、『雑談集』では、巻九で、「如法」が一一例と顕著に使用されていることが特色として挙げられる。

『とはずがたり』[5] には、「如法」が八例（一例(9)は除く。）ある。語釈は次田香澄校注『とはずがたり校注古典叢書』による。

(1) 如法をれこだれたる九献の式、（一－一一⑪）型の如く。
(2) 如法、上下酔ひすぎさせおはしましたるのち（一－一一⑭）副詞　文字通り。たいそう。ひどく。
(3) 如法やせおとろへたるなど申す程に、（一－二九⑮）副詞　ひどく。
(4) 如法、泰山府君といふ事七日まつさせ（一－三〇⑮）、中田祝夫監修『とはずがたり全釈』おきまりの。
久保田淳校註『完訳日本の古典』法式通り。
(5) 如法夜ふかしとて（一－七六⑮）副詞　文字通り。たいそう。ひどく。

(6) そののち十日ばかり、如法大事に病みて侍りしも、いかなる事ぞと、おそろしくぞ侍りし。」（二―一〇二⑬）たいそう。

(7) 如法、御所よりもあなたこなたを尋ねられ（二―一一⑦）案の定　副詞　ひどく。

(8) 如法酔《ゑ》はせおはしましてののち（二―一二五④）ひどく　副詞　ひどく。文字通り。たいそう。ひどく。

(9) 如法おこなふ景気みゆれば、（五―一三八⑮）如法経か。

『とはずがたり』では、八例（一例(9)は除く。「如法経」の意）のうち、巻一に五例と顕著な使用がある。

三

次に、小学館版『古語大辞典』を基にし、各作品における「如法」について品詞、意味の点から、以下のように四分類したい。

［形動ナリ活］《「法の如し」の意》

①仏教語。仏の教えの通りであるさま。方式通りだ。…A

②法にかなっているさま。理にかなっているさま。③穏やかなさま。柔和だ。…B

〔副〕

①もとより。いうまでもなく。…C

②たいそう。ひどく。…D

第二表は、右の基準により四分類し、作品ごとにまとめたものである。

まず、「如法」について、『大鏡』[1]（院政期成立）では、A「如法［形動ナリ活］①仏教語。仏の教えの通りであるさま。方式通りだ。」が三例である。『今昔物語集』[2]では、Aが三例である。

第二表　小学館版『古語大辞典』の「如法」の使用分布

作品＼用法	A 如法［形動ナリ活］①仏教語。仏の教えの通りであるさま。法式通りだ。	B 如法［形動ナリ活］②法にかなっているさま。	C 如法［副詞］①もとより。いうまでもなく。	D 如法［副詞］②たいそう。ひどく。	如法経	計
大鏡	(1)(2)(3)					3
今昔物語集	(1)(2)(3)					3
平家物語	(1)		(2)			2
雑談集	(1)(2)(3)(4)(9)(10)(11)(12)	(6)(13)(14)(15)	(5)(17)	(7)(8)(16)		17
とはずがたり	(4)			(1)(2)(3)(5)(6)(7)(8)	(9)	8※

※「とはずがたり」での(9)「如法」（如法経）の用例は除く。

また、『平家物語』[3]（鎌倉時代前期成立）では、AとC「如法［副詞］もとより。いうまでもなく。」が各一例である。

さらに、『とはずがたり』（鎌倉時代末成立）では、Aが一例、D「如法［副詞］②たいそう。ひどく。」が七例の八例（(9)は除く）である。

次に、『雑談集』[4]では、一七例と最も多い。A八例…(1)(2)(3)(4)(9)(10)(11)(12)、B四例…(6)(13)(14)(15)、C二例…(5)(17)、D三例…(7)(8)(16)、のごとくである。Aは四七％と約半数を占める。Bは二四％、C一二％、D一八％の割合である。

『とはずがたり』[5]では、八例（一例(9)「如法経」は除く。以下同じ。）ある。Aが一二・五％なのに対し、Dが八七・五％と高率で使用されている。「如法」（D副詞たいそう。ひどく。）の用法は、『とはずがたり』の特徴と考えられる。

ここでは、用例の多い『雑談集』と『とはずがたり』の語法について考察したい。

『雑談集』では、「如法」は一七例ある。

(1) A、(2) A、(3) A、(4) A、(5) C、(6) B、(7) D、(8) D、(9) A、(10) A

(11) A、(12) A、(13) B、(14) B、(15) B、(16) D、(17) C

Aは八例、Bは四例、Cは二例、Dは三例である。

『とはずがたり』では、「如法」は、八例（一例は除く。）ある。

(1) D、(2) D、(3) D、(4) D、(5) D、(6) D、(7) D、(8) D

Aは一例、Dは七例で中世語[6]としての性格を有している。

ところで、院政期の『大鏡』、『今昔物語集』の「如法」は、各三例であるが、鎌倉時代末期の同時期の作品である『雑談集』では一七例、『とはずがたり』では、八例（一例は除く。）と使用が顕著である。『雑談集』『とはずがたり』の二作品についてみると『雑談集』は仏教説話集、『とはずがたり』は、女流日記文学とジャンルの異なる作品であるが、作者をみると、無住（僧侶）、後深草院二条（宮廷女房、のち出家）とともに仏教関係者であることがわかる。

なお、『雑談集』には『とはずがたり』の約二倍の使用例があるが、これは、『雑談集』が仏教説話集で「如法」の淵源が、仏教語であることと関連すると考えられる。

四

以上、「如法」の語法について、考察してきたが、その要点を述べて結びとしたい。

一　古語大辞典（小学館版、角川版）では、一形容動詞ナリ活用（角川版は「名詞」併記）、二副詞の用法を挙げている。

二　『雑談集』では、「如法」が巻九で、一一例と顕著に使用されていることが特色として挙げられる。

三　『とはずがたり』では、八例のうち、巻一に五例と顕著な使用がある。

四　「如法」について、『大鏡』（院政期成立）では、A「如法［形動ナリ活］①仏教語。仏の教えの通りであるさま。方式通りだ。」が三例である。『今昔物語集』では、Aが三例である。

五　『大鏡』、『今昔物語集』では各三例であるが、鎌倉時代末期の同時期の作品である『雑談集』では一七例、『とはずがたり』では八例と多く顕在する。この二作品について、『雑談集』は仏教説話集、『とはずがたり』は、女流日記文学とジャンルの異なる作品である。また、作者は、無住（僧侶）と後深草院二条（宮廷女房、後半、出家）であり、仏教関係者であることがわかる。

さらに、『雑談集』の「如法」が一七例と『とはずがたり』の「如法」八例の約二倍である。これは、『雑談集』が仏教説話集で「如法」の淵源が、仏教語であることと関連すると考えられる。

〔注〕

（1）『大鏡』（日本古典文学大系第21　松村博司校注　岩波書店　昭和三五年）

（2）『今昔物語集　一～五』（日本古典文学大系第22～26　山田孝雄・山田忠雄・山田英雄・山田俊雄校注　岩波書店　昭

和三四～三八年）

（3）『平家物語上・下』（日本古典文学大系第32・33　高木市之助・小澤正夫・渥見かをる・金田一春彦校注　岩波書店　昭和三四・三五年）

（4）『雑談集』（山田昭全・三木紀人校注　三弥井書店　昭和四八年）

（5）『とはずがたり』（校注古典叢書　次田香澄校注　明治書院　昭和四五年）

（6）『とはずがたり』（中世日記紀行文学全評釈集成第4巻　西沢正史・標宮子　勉誠出版　平成一二年）

第四節　『春の深山路』の敬語

―「侍り」と「候ふ」―

一

本稿は、歌人・古典学者としても知られる飛鳥井雅有の日記『春の深山路』の対者敬語としての「侍り」「候ふ」についての考察である。

『春の深山路』の作者飛鳥井雅有は、鎌倉時代の蹴鞠の家の飛鳥井家の当主で、鎌倉幕府と宮廷に蹴鞠・和歌・古典学をもって仕えた。二〇代前半までは鎌倉を中心とする生活で、父とともに幕府に仕えた。また、『春の深山路』(1)は弘安三年（一二八〇）、作者四〇歳の一年間の仮名日記である。前半の三分の二は東宮御所に仕える都での毎日の生活を記す日次記《ひなみ》（元日から九月一九日）。後半三分の一は一一月一四日に京を出発し同月二六日に鎌倉に着く東下の旅日記を中心とし、その前に送別の歌会や宴会のこと、後に一二月末日の東宮からの手紙のことを付している。

「侍り」と「候ふ」の用例数の総計に対する使用率は、『大鏡』(2)においては、八四・三％対一五・七％であるが、『今昔物語集』(3)では、三六・二％対六三・八％と逆転し「侍り」が「候ふ」を圧倒していった。『大鏡』(4)では、「侍り」は話し手が聞き手の身分の上下関係に必ずしも拘泥せず、すこぶる広範囲の対象に使用されているのに対し、「候ふ」は話し手よりも聞き手の地位の高い人に対してのみ使用される敬語で、例外はほとんどないといわれている。また、『今昔物語集』[5]では、「候ふ」の方が「侍り」より敬度が高く、「侍り」が単に「候ふ」と交替しただけでなく、敬度を次第に減じつつ消滅していったとされている。『宇治拾遺物語』[6]では、「侍り」は特に改まった、丁重な言い方に用い、「候ふ」は上下差が著しい場合もそうでない場合も用い、用法が拡大している。『春の深山路』と同時代の鎌倉時代の日記『とはずがたり』[7]では、「侍り」五七・八％対「候ふ」四二・二％で、「侍り」がやや優勢である。

中世の日記『春の深山路』の「侍り」「候ふ」の使用状態を調査し、対者敬語の位相を究明することでその特質を明らかにしたい。

二

最初に『春の深山路』の「侍り」「候ふ」の共存事象を考察してみる。

第一表

	侍り			候ふ			合計
	地の文	会話文	計	地の文	会話文	計	
前半	31	9	40	31	3	34	74
後半	24	0	24	0	0	0	24
計	55	9	64	31	3	34	98

『春の深山路』における「侍り」「候ふ」について、その使用例数を示すと第一表のようになる。「侍り」六四例、「候ふ」三四例使用されている。従って、総計九八例に対する「侍り」の使用率は六五・三％、「候ふ」のその使用率は三四・七％である。このことにより「侍り」が優勢であることがわかる。「侍り」「候

ふ」ともに前半に使用が偏在している。「候ふ」は後半の使用例はない。

鎌倉時代になると、「候ふ」に圧倒されたといわれる「侍り」が『春の深山路』には多くみられるということはその特色として注目される。「侍り」は地の文に多く用いられ、会話文の六・一倍になる。また、「候ふ」は地の文が断然多く、会話文は前半の三例のみである。

三

「侍り」が用いられているのは、地の文では物語の描写の部分、作者の体験や回想を述べる部分に多い。院政期の『大鏡』では、地の文に「侍り」が八例用いられ、これは「作者の読者への語りかけと思われ、『侍り』のみ用いられているのは、歴史物語の雰囲気を出すための技巧」と説かれている。[8] また、徒然草の地の文に「侍り」の使用例があり、時枝誠記は、それを「一種の雅語的用法」[9]とした。

『春の深山路』の地の文に顕在する「侍り」は、は作者の自己の経験や主観などを読者に語りかけようとする対読者意識によるものであろう。「侍り」は文章語として、読者に語りかける姿勢があり、それが反映して「侍り」が用いられたと考えられる。

同時代の作品の『とはずがたり』の係り結びでは、「地の文において、『ぞ』に応ずる結びとして過去の助動詞に対する割合が約二二％に達する高率である」[10]といわれ、自己の体験を確実に過去にあった事実として回想している。特に「ぞ（こそ）……侍りし（しか）」の用例は、総計に対して「ぞ……侍りし」（一五％）、「こそ……侍りしか」（五％）である。

『春の深山路』では、「ぞ……侍る」、「こそ……侍れ」が各一例のみで、「ぞ……侍りし」、「こそ……侍りしか」の例はない。また、「や……侍らむ」「か……侍るべき」が各一例である。ここに平安時代からの日記文学の系列に入り自己の経験を強く表現する『とはずがたり』と中世の日記・紀行であり、日次記《ひなみ》である『春の深山路』との差異があると考えられる。

四

さて、話し手の聞き手に対する敬語「候ふ」の使用を、阪倉篤義[11]の区分によって考察すると第二表のようになる。

第二表

	第①種	第②種	第③種	謙譲語	計
前半	2	形1 に1 て6 にて1	5	18	34
後半	0	0	0	0	0
計	2	9	5	18	34

（注）
第②種の用法
形—形容詞、形容動詞、形容詞型活用の助動詞
に—「と」も含む

「候ふ」は、もと「伺候する」という意味の動詞である。第①種の用法は、存在の意の「ある」「いる」を敬語で言う動詞として用いられたもの、第②種用法は、第①種がさらに形式化されて、「(に) あり」という陳述を表すものの敬語的表現である。具体的には形容詞、形容動詞、形容詞型活用の助動詞や「に (「と」も含む)」「て」「にて」などの下についている場合はこの用法とみなすもの、第③種用法は、動詞および助動詞 (動詞型活用) の下に直接ついているものである。第二表から、第①種用法よりも第②種、③種用法が多いことがわかる。

「候ふ」は、平安中期以後、次第に形式化を深めたといわれる。「候ふ」は、第①種用法から次第に、第

②種、③種用法がさかんになっていく。『とはずがたり』では、第①種四二例に対し、第②種、③種用法がそれぞれ一〇七例、八三例である。『春の深山路』においても同様の傾向がうかがえる。

五

次に、『春の深山路』に共存する対者敬語「侍り」と「候ふ」の会話性の差異について考察する。「侍り」「候ふ」の敬度について、その特色を明らかにしたい。その考察には、『官職要解』（和田英松）を基にした桜井光昭[12]の分類に従って考察したい。

Ⅰ　第Ⅰ群は最高の段階に属すと考えられる聞き手で、それに対する話し手をまとめて挙げた。
ⅰ　天皇・上皇、ⅱ　女院・太皇太后、ⅲ　東宮、ⅳ　関白、ⅴ　大臣
Ⅱ　第Ⅱ群は第Ⅰ群の聞き手に続く高位の者を対象とした。
Ⅲ　第Ⅲ群は第Ⅱ群に続く聞き手を対象とした。
Ⅳ　第Ⅳ群はその他である。
　ⅰ　仏神、ⅱ　旅先での関係、ⅲ　特別な利害関係、ⅳ　肉親・男女関係

前述のグループに属する「侍り」と「候ふ」の用例数・使用率は、第三表のようになる。以下にその考察をしてみよう。

「侍り」について

① 身分がほぼ互格と思われる例
　該当例なし
② 話し手の方が聞き手よりも地位が高いと考えられる例

第三表

候ふ			侍り			
$\frac{B}{A+B}\times 100$ (%)	$\frac{\text{Bの用例数}}{\text{Bの全用例数}}\times 100$ (%)	用例数	$\frac{A}{A+B}\times 100$ (%)	$\frac{\text{Aの用例数}}{\text{Aの全用例数}}\times 100$ (%)	用例数	
11.1	33.3	1	0	0	0	Ⅰ i
0	0	0	0	0	0	Ⅰ ii
22.2	66.7	2	55.6	83.3	5	Ⅰ iii
0	0	0	0	0	0	Ⅰ iv
0	0	0	0	0	0	Ⅰ v
0	0	0	0	0	0	Ⅱ i
0	0	0	0	0	0	Ⅱ ii
0	0	0	11.1	16.7	1	Ⅲ i
0	0	0	0	0	0	Ⅳ i
0	0	0	0	0	0	Ⅳ ii
0	0	0	0	0	0	Ⅳ iii
0	0	0	0	0	0	Ⅳ iv
33.3	100.0	3	66.7	100.0	6	計

注　A：「侍り」　B：「候ふ」

女房←雅有（三三一5）

③話し手の方が聞き手よりも地位が低いと考えられる例

東宮←雅有（三二一9、三五三8、三五三9、三五七17、三五九3）

院←雅有（三五九7、三五九7）

④話し手と聞き手との上下関係が必ずしも明らかでない場合

該当例なし

「候ふ」について

①身分がほぼ互格と思われる例

該当例なし

②話し手の方が聞き手よりも地位が高いと考えられる例

該当例なし

③話し手の方が聞き手よりも地位が低いと考えられる例

院←雅有（三四四5）東宮←雅有（三五七17、三六〇10）

④話し手と聞き手との上下関係が必ずしも明らかでない場合

該当例なし

以上の用法をまとめると次のようになる。

「侍り」

1　話し手の方が聞き手よりも地位が高いと考えられる例が一例のみである。

2　身分が互格の者への使用、相互使用の例はみられない。

「候ふ」

1 聞き手のトップクラスは院をはじめとする皇室関係者である。
2 身分が互格の者への使用、相互使用の例はみられない。
3 話し手の方が聞き手よりも地位が低いと考えられる例もみられる。

六

次に、会話文に用いられている「侍り」「候ふ」の敬度について考察してみよう。

Ⅰ 同じ話し手による、または同じ聞き手に対する待遇が場合によって「侍り」「候ふ」と異なる例
該当例なし

Ⅱ 同じ話し手と聞き手で、一方が「侍り」、他方が「候ふ」で待遇する例
該当例なし

Ⅲ 「侍り」の相互使用の例
該当例なし

Ⅳ 「候ふ」の相互使用の例
該当例なし

Ⅴ 一つの会話文に「侍り」と「候ふ」が混用されている例

例1 出御あれば、例の御歌沙汰のついでに、供花の間、男、女房狼藉ども甚だし。鎌倉ざまの聞え穏便ならず侍り。今年よりは御制候はば、めでたく候ひぬべき由申せば、やがて女房して、院の御方へ申さる。[13]（三五七17）

（訳）二六日、東宮御所に参上したが、誰もいない。東宮のおでましがあるので、例のような和歌談義の

ついでに、「供花会の間に男たちや女房たちの無礼なふるまいが目にあまります。鎌倉幕府方面への風聞も具合の悪いことです。今年からは御制止されるならば、けっこうなことでしょう」と申し上げると、すぐに女房を使いとして後深草院へ申される。

この例は、雅有が、供花会の結願の日に東宮御所に参上すると不在で夜に再度参上すると東宮は後深草院の御所にお出かけなので再度西の御所に参上して控えていて宿直したという場面である。「侍り」「候ふ」の混用は、雅有の一座の人々に対する配慮によると考えられる。また、侍りの重複を避ける避板法とも考えられる。[14]

以上の考察において、IからVまでのうちVは混用の例であるため、「侍り」「候ふ」の敬度について調べる場合、積極的論拠となり得ない。従ってVを除外してまとめる。

1　同じ話し手、同じ聞き手に対する待遇が場合によって「侍り」「候ふ」と異なる例はない。

2　「侍り」「候ふ」とも相互使用の例はない。

七

以上、『春の深山路』の対者敬語「侍り」「候ふ」について考察してきたが、ここではその要点を述べて結びとする。

1　鎌倉時代になると、「候ふ」に圧倒されたといわれる「侍り」が『春の深山路』では優勢を示し、文章語的な作品としての性格を示している。

2　地の文に「侍り」の使用が多くみられるが、これは対読者意識に基づくものであり、読者に語りかける姿勢があり、それが反映して「侍り」が用いられたと考えられる。

3　「候ふ」は、本動詞の用法よりも補助動詞、助動詞としての用法が圧倒的となり、時代とともに形式化の方向を強めてきた証となる。
4　話し手の方が聞き手よりも地位が高いと考えられる例、または相互使用の「侍り」「候ふ」の例がある。
5　「侍り」「候ふ」ともに話し手より聞き手が上位の場合の使用対象の上限は最高段階に至っている。
6　一つの会話文に「侍り」「候ふ」が混用されている例があり、「侍り」の重複を避ける避板法と考えられる。

〔注〕
（1）外村南都子校注・訳「春の深山路」『中世日記紀行集』（新編日本古典文学全集48　小学館　平成六年）
（2）小久保崇明『大鏡の語法の研究』（さるびあ出版　昭和四二年）一七六頁
（3）桜井光昭『今昔物語集の語法の研究』（明治書院　昭和四一年）九頁
（4）注（2）著　一九〇頁
（5）注（3）著　一八頁
（6）佐藤武義「国語史上よりみた『宇治拾遺物語』の『侍り』と『候ふ』」（『国語と国文学』昭和四八年一一月）三八頁
（7）拙稿「とはずがたりの丁寧語『侍り』と『候ふ』」（『解釈』昭和五四年四月）一六頁
（8）注（3）著　一〇頁
（9）時枝誠記『日本文法　第2　文語篇』（岩波書店　昭和四五年）六三頁
（10）山口雄輔「『とはずがたり』の係り結び」（『立正女子大創刊号』昭和四七年三月）四九頁
（11）阪倉篤義「『夜の寝覚』の文章」（『国語と国文学』昭和三九年一〇月）一四九頁
（12）注（3）著　一〇頁
（13）校定本文に「　」はないが、校注者の本文訳から会話文とした。
（14）小久保崇明『大鏡の語法の研究　続』（桜楓社　昭和五二年）五八頁

第二章　古典教育論考

第一節　主体的な読みを支援する古典の指導

―平家物語「能登殿の最期」―

一　はじめに

二一世紀初頭の高等学校国語科教育の姿は、生涯学習社会への移行や自立した個人として二一世紀を生きる生徒の育成が期待されている。

平成一〇年七月二九日の教育課程審議会の答申では[1]、教育課程の基準のねらいとして、次の四点を挙げている。

① 豊かな人間性や社会性、国際社会に生きる日本人としての自覚を育成すること
② 自ら学び、自ら考える力を育成すること
③ ゆとりのある教育活動を展開する中で、基礎・基本の確実な定着を図り、個性を生かす教育を充実すること
④ 各学校が創意工夫を生かし特色のある教育、特色ある学校づくりを進めること

国語科の改善については、小・中・高等学校を通じて、「改善の基本方針」[2]として概略次のような内容が示されていた。

① 言語の教育としての立場を一層重視すること

②互いの立場や考えを尊重して言葉で伝え合う能力の育成に重点を置くこと
③特に、自分の考えをもち、論理的に意見を述べる能力、目的や場面などに応じて適切に表現する能力、目的に応じて的確に読み取る能力や読書に親しむ態度の育成を重視すること
④領域構成を変更すること
⑤言語活動例を示すこと
⑥領域ごとの指導時数の目安を示すこと
⑦文学的な文章の詳細な読解に偏りがちであった指導の在り方を改善すること
⑧各領域にふさわしい教材を調和的に取り上げること
⑨古典の指導は、生涯にわたって古典に親しむ態度の育成を重視すること
⑩漢字の指導は、学年別漢字配当表を基にして、読みの学習は現行どおり当該学年で読めるようにし、書きの学習は次の学年まで書けるようにすること

高等学校の具体的な事項では、新しい科目として「国語表現Ⅰ」「国語表現Ⅱ」および「国語総合」を設けるとともに「古典Ⅰ」および「古典Ⅱ」を「古典」に改善した。「古典」は、三科目から二科目となったのは、教育内容の厳選、基準の大綱化の方針に沿って、科目数を減じたからである。「古典」の指導は、「各領域の言語活動を通して」行い、暗記中心の古典文法の指導や注釈に偏った読解指導に陥らないようにすることが求められている。

平成一一年告示高等学校学習指導要領国語の「古典」の目標は、「古典としての古文と漢文を読む能力を養うとともに、ものの見方、感じ方、考え方を広くし、古典に親しむことよって人生を豊かにする態度を育てる」とある。また、「古典講読」の目標は、「古典としての古文と漢文を読むことによって、我が国の文化と伝統に対する関心を深め、生涯にわたって古典に親しむ態度を育てる」とある。このように、「古典」に

関する指導については、生涯にわたって古典に親しむ態度を育成していくためには、古典指導の在り方を考えていく必要がある。「古典講読」は、各領域の言語活動を通して、古典に親しむ態度を重視する。従って、指導方法に関してだけではなく、教材についても、その観点からの工夫が各学校において必要になる。

二　主題設定のねらい

かつて、増淵恒吉は、「古文教育の目標と方法」(3)で次のように述べている。

古文教育の目標については、

①　古典に表われた人間の考え方や生き方の中で、現代に生かし得べきものがあれば、それらを生かす。
②　教室での学習が契機となって、将来の人生や考え方に思いを潜める。
③　作者独自の美意識を、想像豊かに味わわせる。
④　言葉に対して敏感にさせる。

などを挙げている。

さらに、その方法としては、昭和二九年の「学習指導法」の方法に加えて、

①　教材を自主的に取捨選択する。
②　生徒に口語訳をさせ、その内容のあらましを読み取らせる。
③　音読・朗読の重視。
④　重点を明らかにし、語訳・文法に深入りしない。
⑤　生徒の自由な感想の発表。
⑥　教材に対して、先入主にとらわれない。

⑦　学習後、学び得たものの確認。
⑧　指導の工夫。

を挙げている。

これらは、現在でも古典指導の方法として脈々と受け継がれている。しかし、今回の学習指導要領の改善のねらいを考えてみると［ゆとり］の中で［生きる力］をはぐくむことが提言されている。さらに、生徒の生活や意識の変容にいかに対応していくかという観点が課題となる。

今回の学習指導要領の改訂で「古典」は、現行の「古典Ⅰ」三単位、「古典Ⅱ」三単位、計六単位が統合されて四単位になったので、内容を再構成する必要がある。古文と漢文の比率や教材選択を何にするのかなども検討課題である。また、領域の変更により、「読むこと」を中心としながら、「話すこと・聞くこと」と「書くこと」の指導をどう取り入れるのかが課題となる。それを考えると、指導の在り方や教材の再構成など指導者の意識改革が問われているともいえる。

今後は、基礎・基本を重視しながら、自ら進んで学ぶ態度の育成を図る学習の実践研究が求められている。『平家物語』は、軍記物語の代表的作品であり、武家時代の開幕という一大転換期を生きる武人を中心とする人物の生き様を見事に描いている。

実践例は、第二学年『平家物語』「能登殿の最期」についての主体的な読みを支援する古典の指導の一つの試みを示したい。

三　学習指導の展開

1　教材の内容・構成

この『平家物語』巻一一「能登殿の最期」の前には「壇の浦の合戦」「遠矢」「先帝の身投げ」があり、後には「内侍所都入り」がある。それらをまとまった形で読むとき、壇の浦の合戦の全貌が浮かび上がってくる。ここでは、多くの平家一門の人々—安徳帝はじめ二位の尼、建礼門院、宗盛、知盛、教盛、経盛、資盛、有盛、教経など—が、それぞれ入水して果てたり捕らわれの身となったりして終わる。その中で能登守教経は、ここで見たように、華々しい勇猛ぶりを発揮して死んでいく。それと対照的に、冷ややかに平家一門の滅亡を見つめ続け、『平家物語』の作者の分身のような形で発言している人物が、平知盛である。

2　学習目標

① 「能登殿の最期」を通読し、およその内容を把握する。
② 第一段階における登場人物の行動や発言から、それぞれの人物を明らかにする。
③ 教経の剛勇ぶりとその最期を分析し、教経がどのような武人として造型されているか、他の武人と対比して把握させる。
④ 本章段全体のまとめを行う。

3　学習活動

① 「能登殿の最期」について簡単な紹介をする。
② 「能登殿の最期」について、教師による音読と、各自の読みを行う。音読については適宜助言する。
③ 第一段落の内容を吟味する。合戦の場面を具体的に把握するよう、武具・装束、戦闘の様子をあらかじめ調べておくよう指示してある。
④ 教経の剛勇ぶり、義経の戦いぶり、知盛の発言などから、それぞれの人物の考え方、人物像を分析し把握する。
⑤ 第二段落の内容を吟味・分析して、教経の剛勇ぶりがどのように描かれているかを把握する。

⑥ 全体を通じて教経の人物像をまとめる。その際、義経や知盛の行動、発言を分析し、教経と対比して考える。

⑦ 感想を発表する。

4 学習展開の具体的内容

① 見通しとしての学習課題への取り組み

初発の感想を基に学習課題を作る。（資料1）

ア 能登殿は、自分の最期をどのように考えたか、その行動と心情を考えてみよう。

他者とのかかわりにおいて変容していく様を、①新中納言（知盛）、②判官（義経）、③安芸太郎実光・郎等・弟とのかかわりについて、出来事・行動とその心情の変化に分けて考えていく。

①新中納言（知盛）とのかかわりでは、新中納言の言葉を義経を討ち取れと解釈する。心情の変化において、生徒Aは、平家の滅亡をみて、最後の反抗を試みるとした。生徒Bは、武士として敵の将軍に討たれるなら、名誉なことと思い、全力を尽くそうとしているとした。生徒Cは、まだ敗北を考えておらず、義経一人に的を絞ったとした。

②判官（義経）とのかかわりでは、能登殿は、義経と偶然出会うがその敏捷な動きに逃がしてしまう。心情の変化において、生徒Aは、無念さと自分の死を覚悟しているとした。生徒Bは、悔しさと自分への腹立たしさが募り、武士としての立派な死に方を考えているとした。生徒Cは、最大のチャンスを逃し、大将を討てないのならばと死を覚悟したとした。

③安芸太郎実光・郎等・弟とのかかわりでは、三人が討ってかかると郎等を海に蹴り入れ、残る二人に「死途の山の供」を命じ、入水する。心情の変化において、生徒Aは、勇猛に誇り高く死にたいとみた。生徒Bは、武士らしい死に方を悔やまないとみた。生徒Cは、何事が起ころうとも動じず武

士らしい死に方とみた。

イ　能登殿は、どんな人物として描かれているか述べてみよう。

資料1の生徒Aは、能登殿は大胆で豪傑な人物で、勇猛さが際立ち、武勲を重視する人物であるとみた。生徒Bは、武士としての名誉を大切にし、勇猛で、最後まであきらめず戦う熱意のある人とみた。生徒Cは、気迫があり、敵を寄せ付けない威圧感をもつ、また、死を覚悟した後も威厳を失わず、武士らしく名誉を重んじる人物とみた。

ウ　新中納言（知盛）は、どんな人物として描かれて述べてみよう。

資料1の生徒Aは、仏教的な世界観をもつ人物と平家一族の滅亡を自覚し、無益な殺生をしないところに潔さがあるとみた。生徒Bは、現実を見据え、それにあった行動をする。冷静で無駄なことはしないのであきらめが早いとみた。生徒Cは、平家一門の運命をみて取り、これ以上死者を出すのは罪を大きくするだけを考えた仏教的な人物とみた。

エ　「能登殿の最期」の感想を述べてみよう。

資料1の生徒Aは、能登殿の戦い方、死に方の潔さから、誇り高い武人で真に武士道を進む人間として描かれているとみている。生徒Bは、現代ではいない人物であるが、この時代の人としては立派でかっこいい生き方である。命を捨てられるほど没頭できるのは、充実した悔いのない人生であろうとみた。生徒Cは、能登殿は武士としての名誉を第一に考え、死をもってそれを成し遂げた武士として描かれ、だからこそ感動させるのではないかと考えた。

② 自己評価表の活用

自己評価表を、授業後に記入して提出させた。項目ごとに、A―十分達成、B―おおむね達成、C―達成努力の評価をし、疑問点などを記入した。生徒は評価することによって、自らの学習の達成状況を把握し、意欲的に取り組むことができる。また、指導者にとっては、次の学習に向けての授業改善の資料とすることができる。

四　考察と今後の課題

今回の古典の指導は、主体的な読みを支援するため、能登殿が自分の最期をどのように考えたか、三人の人物とのかかわりを通して考えてみた。課題学習一では、「出来事・行動」と「心情の変化」に分けて、主体的に考えることを通して、主題に迫ることができる。

また、能登殿の人物像の考察では、能登殿の攻撃型、実践型の剛勇ぶりが描かれている。最後に名のりを上げ、死を恐れぬ行動は、剛勇無双な武人としての姿が浮かんでくる。新中納言（知盛）の人物像は、平家滅亡を運命としてとらえ、それを変えることは不可能だとする貴族的な立場で描かれている。

とかく、教師主導に偏りがちな古典の学習を、学習者一人一人が主体的に活動できる学習活動の場にしたいと念願し試みてみた。

今後の課題としては、課題の取り上げ方、個から全体への連携やグループ学習、評価の改善（形成的評価、自己評価、相互評価）など継続的、計画的に研究を進めたい。

〔注〕

（1）甲斐睦朗・田中孝一監修『高校国語教育―21世紀の新方向―』（明治書院　平成一一年三月）一五頁

（2）甲斐睦朗・田中孝一監修『高校国語教育―21世紀の新方向―』（明治書院　平成一一年三月）一六頁

（3）増淵恒吉「古文教育の目標と方法」『国語教育誌第9号』（全日本国語教育学会　昭和四八年六月）五八～六五頁

実践は、茨城県立土浦第一高等学校のものである。

資料1　A

平家物語（能登殿の最期）学習プリント　（A）組（二一）番　氏名（　　A　　）

一　能登殿は、自分の最期をどのように考えたか、その行動と心情を考えてみよう。

出来事・行動	心情の変化
1　新中納言（知盛）とのかかわり 新中納言が、「手下どもを相手に無益な殺生をしてもしょうがない。」と言ったのについて、能登殿は「義経を相手にしろ。」と言っているのだと解釈してしまう。	源氏軍の手下どもを相手に勇猛ぶりを発揮しているところに、新中納言からの一言が加わったので、義経を相手にしようという気になる。平家一門の滅亡はほぼ確定していたので、最後の反応を試みる気分になったのかもしれない。
2　判官（義経）とのかかわり なんとか相手にしようと飛び回るが、なかなか義経はつかまらない。なんとかして姿をとらえるがあと一歩のところで逃げられてしまい、後を追うこともできない。	どうにか義経を組み伏せようと思っていたのだが、逃げられてしまい、無念な思いをしている。同時にもう今から義経を追うこともできないと悟り、自分の死をも覚悟している。
3　安芸太郎実光・郎等・弟とのかかわり 三人がかりで向かって来た彼らを迎え撃つ。郎等を海へ蹴落とし、残る二人をかかえ「死途の山の供」を命じ入水。	すでに死を覚悟している能登殿はできるだけ勇猛に誇り高く死にたいと思う。「三十人が力持つたる大力の剛の者」は自分の死を飾るにはうってつけの人物だと思ったのだろう。

二　能登殿は、どんな人物として描かれているか、述べてみよう。

非常に大胆で豪傑という言葉がそのままあてはまるような人物だと思う。三人がかりで襲ってくる源氏方の兵にも全く動じず相手をする様子は勇猛さが際立つ。また、すでに本文の初めの部分から「能登守教経の矢先にまはる者こそなか」ったということは、相当ないかめしさを発していたのではないだろうか。また彼は、武勲を重視する一面がある。

三　新中納言（知盛）は、どんな人物として描かれているか。述べてみよう。

文中の言葉から察する限り、仏教的な世界観を強くもつ人物であることがうかがえる。能登殿が武勲を重視するのに対し、彼は自分たちの死後のことを考えている。平家一族の滅亡を自覚し、必要以上の無益な殺生をしないところに、ある種の潔さが感じられるような気がする。いずれにしても、能登殿とは対照的な人物である。

四　「能登殿の最期」の感想を述べてみよう。

能登殿の戦い方、死にざまはとても潔い。人を威圧するその力は、源氏方にも右に出る者はいない程のものだったのだろう。とにかく凄まじかったことは、「おそよあたりをはらつてぞ見えたりける。恐ろしなんどもおろかなり。」など本文からもうかがえる。また、いかにも誇り高い武人であるような行動も見られ、真に武士道を進む人間として描かれているように思える。

資料1　B

平家物語（能登殿の最期）学習プリント　（B）組（二三）番　氏名（　B　）

一　能登殿は、自分の最期をどのように考えたか、その行動と心情を考えてみよう。

出来事・行動	心情の変化
1　新中納言（知盛）とのかかわり 知盛に「あまり人を殺して罪をお作りなさらないで下さい。そんなになぎ回ったからといって立派な敵ではないでしょう。」と言われたのを「敵の大将軍を討ちとれ」という意味だと勘違いする。	今日が最期と思っていたため、知盛の言葉を聞いて義経に正面から向かっていこうという気持ちが強くなる。武士として敵の将軍に討たれるのなら名誉なことと思い、自分の全力を尽くそうと意気込んでいる。
2　判官（義経）とのかかわり 義経の顔を知らないので、よい武具を身につけた武者を目がけて走っているうちに、ようやく義経と対面する。義経を目がけて飛びかかるが、動きの速い義経は味方の舟に飛び乗ってしまう。あきらめが生じ、あらゆる武具を捨て胴だけを着て、乱れ髪になって奮闘する。	やっと見つけた義経に逃げられ、今はこれまでと思っている。くやしさと自分への腹立たしさがつのり、我を忘れてこうなったら武士として立派な死に方をすることだけを考えている。
3　安芸太郎実光・郎等・弟とのかかわり 安芸太郎実光に「あなたが勇猛な方でも私たちが屈服させてみせましょう。」と言われ、舟に乗り移られ、三人並んで討ってかかられる。慌てずに郎等を海に蹴り入れ、実光を左のわきに弟を右のわきにはさみ「死途の山の供をしろ。」と言って海に入ってしまう。	敵に飛びかかられても動じない。かなり落ち着き払っている。もう命が助かるようなことはないだろうから敵を道連れにして自殺することも全然恐れず、かえって武士らしい死に方だと思い、そんなに悔やんではいない。

資料1　C

平家物語（能登殿の最期）学習プリント（C）組（二〇）番　氏名（　C　）

一　能登殿は、自分の最期をどのように考えたか、その行動と心情を考えてみよう。

出来事・行動	心情の変化
1　新中納言（知盛）とのかかわり 能登殿が大長刀を両手に持って振りまわし、多くの敵を討ち殺していると、新中納言は、使者をたてて、能登殿をとめようとしたが、能登殿は、その伝言を別に解釈してしまい、義経を討つ決心をし、叫びながら攻め戦った。	一人でも多くの敵を殺そうとやっきになっていた。まだ敗北などは考えていない。 しかし、新中納言の使者からの伝言で、義経一人を完全に討つことに的をしぼった。
2　判官（義経）とのかかわり 能登殿は判官の顔を知らなかったので、大将らしい格好の武士目がけて走りまわったが、判官は、そうとしりながら、組まれないように逃げていた。しかし偶然同じ船に乗り合わせ、能登殿が飛びかかると、義経は六メートルほど離れた船に飛びうつり、能登殿は、それができず失意のうちに長刀を海へ投げ捨てた。	義経を討つことに全神経を集中させていたが、最大のチャンスをのがし、もうこれまでと思い、大将を討てないのなら……と死を覚悟する。そして死を覚悟したからには何もこわくないというように、頼朝に一言言いたいなどと言う。
3　安芸太郎実光・郎等・弟とのかかわり 三〇人力を持つという怪力の安芸太郎と、それにおとらぬ家来、普通よりずっと力のすぐれた弟の三人が能登殿に同時に討ってかかったが能登殿は冷静を保ち、まず、安芸太郎の家来を海へ蹴り入れ、そのあと、左右のわきにそれぞれ安芸太郎とその弟をはさんでもろとも海へ入っていった。	完全に死を覚悟していたため、何事がおころうとも動じず、自分の死に方について考えていた。そして死途の山のお供をつれて、いさぎよく自ら命を絶ったのは武士らしい死に方だった。

第二節　劇化・物語化に発展させる古典指導

一　はじめに

一九八六（昭和六一）年一一月、全国連第一九回研究大会茨城大会が、「自己学習力を育てる国語教育」という主題で、水戸市を中心として開催された。大会第一日に秋山虔が「古典を現代にどう生かすか」という講演をされた。その中で、「高校生の諸君に対して、古典はおもしろいかと尋ねたときにおもしろいという答えが返ってくるとは思えない」という話をされ、古典の世界は現在の自分の世界とあまりにかけはなれた迂遠の世界であるとされた。こうした古典教育の困難さを述べられたあと、「要するに古典は現在の座標にひきつけるのでは駄目なので、むしろ現在の座標にひきつけられないものを探りあてることによって、現代を相対化する姿勢が大事であろう」と結ばれている。

昭和五九年の「高等学校学習指導要領」では、①基礎的国語力の確立、②表現力の重視、③学校の実情に応じた柔軟な教育課程の編成、などがとりわけ強調されている。また、その内容は「表現」と「理解」の二領域および〔言語事項〕によって構成されている。一般に、古典教材は、「理解」領域の学習が中心となっている。これを統合して「理解」と「表現」の領域相互の関連を図ることによって、指導の効率化と学力の定着を図ることができるだろう。

高校教育の多様化は、ますます顕著な傾向を示してきている。高校進学者の増加に伴って、生徒の実態はきわめて複雑多様な様相を示してきている。そうした中で、古典学習の中に「表現」の学習を取り入れることは、生徒に古典への興味、関心を高めさせることになり、より親しみやすく理解を深めさせることになるのではないかと思う。

ところで、『古典の学習指導』[1]（文部省）に、「表現と関連させる、すなわち表現の一領域である書く作業を絡めることにより、まず古典の理解が進められると考える」「優れた古典の文章を読んで、そこに展開する話や場面の描写等の表現の中から、生徒たちそれぞれが豊かな表現力を持つための源泉を汲み取ることもできるのである。そしてこれは、やがて生徒一人一人が、自らの表現力の拡充を確認するとともに、古典原作への親近感を増し、古典を愛する心にまで発展させることの充分に可能な指導と言うことができるのである」（一七九ページ）とある。

私は、理解を深めるために表現学習を導入した指導を考えてきたが、ここでは実際に授業で展開したものについて紹介したい。

二　国語学習に関する生徒の実態

国語学習に関する生徒の実態を把握するために、本校生（普通科）を対象に次のような調査を実施した。（参考、埼玉県立川口北高等学校）

調査は、昭和六三年七月、各学年八クラス中、二クラスを選択し、一年九三名、二年八五名、三年九四名合計二七二名を対象にして行った。

① 国語は好きですか、嫌いですか。
好き＝一一％、どちらかというと好き＝四二％、どちらかというと嫌い＝三六％、嫌い＝一一％
② 国語の嫌いな理由は何ですか。（嫌いの合計一二八名、選択肢から一つ選択）
文章の奥にあるものが理解できない＝二八％、勉強の要領がわからない＝二六％、学習意欲がわかない＝一七％、国語には割り切れない問題が多いから＝一六％、その他＝一三％
③ 古典に興味がもてますか、もてませんか。
興味がもてる＝三三％、興味がもてない＝六七％
④ 古典に興味がもてる理由は何ですか。
昔の人のものの考え方、生き方がわかるから＝三八％、古典の世界に対する憧れから＝二〇％、古典独特の豊かなリズム感があるから＝一六％、自分達の精神生活を豊かにしてくれるから＝六％、その他＝二〇％
⑤ 古典に興味がもてない理由は何ですか。
難語句があり、意味が理解できないから＝五四％、文法が難しいから＝二六％、過去と現代が違いすぎて理解できないから＝九％、現代に役立たないから＝八％、その他＝三％

さらに、「授業の難易度」「指導方法」など計八項目にわたる調査で、国語に対する実態を分析した。その結果、
① 国語の授業について、わかる時とわからない時があり、古典について、六七％の生徒が「興味がもてない」と答えている。
② 古典に興味がもてない理由は、「語句の意味などの読解力に欠ける」点にあり、古典を学習する意義

や時代の隔たりに抵抗を示す傾向がみられる。
などの点がわかった。

三　学習指導の展開

1 学習した教材を劇化させる指導

教材　自主教材　「伊勢物語」第四〇段のプリント教材（『竹取物語』『伊勢物語』『大和物語』『平中物語』すべて日本古典文学全集　小学館）
対象　第二学年
配当時間　四時間

1　単元設定の理由

表現と関連させる指導を考える場合、「書く」(2)ことのみにとらわれず「話す」という音声表現や劇化表現などに結びつけることも有効である。

劇化とは、古典作品のある場面を脚本化し、その脚本を基に登場人物に台詞を言わせ、簡単な動作をつけて演じてみるということである。

『伊勢物語』第四〇段は、「若人の純愛」が主題となっている。内容は、息子の恋した奉公人の女は親の反対で家を出された。息子は悲しんで気を失ったが、翌日、息をふきかえしたというものである。登場人物の行動や心情を解明していく過程で、男女の純愛、親子の情愛等の内的な心理葛藤の描かれている段である。

《資料1》（生徒作品）

――昔、ある家の両親の部屋で、

母　みんなが噂していますのよ。息子があの奉公娘を好きだって。

父　まさか、ただの噂じゃないか。

母　また、そんなのんきなことを言って。早いうちに手を打たないと、息子が本気になったらどうするんです。息子にはこの家を継いでもらうんですから。奉公娘なんかではなく、もっときちんとした嫁をみつけなくてはいけないんですよ。……あの奉公娘は追い出しましょう。

父　まあ、待て。そう早まるなよ。今あの奉公人がいなくなると大変なんだから。まあ、ここはひとまず様子をみようじゃないか。

――男と女、二人で話をする。

男　両親が気付いたようだ。だが、何といって説得すればよいのか。僕はまだ半人前だし。……でも君とは離れたくない。

女　でも、私は奉公の身です。

――男と女が話しているところを母親にみつかってしまった。

母　やっぱり早くあの娘を追い出しましょう。そうしないとますますあの二人は好きあってしまうわ。

父　そうだなあ。まあ、しかたがないか。

――女を呼んで、

父　申し訳ないんだが、ある事情でこの家を出ていってもらいたいんだが。

女　……わかりました。

――この事情を知って、男は……、
男　どうして僕に黙ってあの娘を追い出したんだ。どうしてだ。
出でて往なば誰か別れの難からんありしにまさる今日は悲しも
――和歌を詠んで、気を失ってしまった。
（以下略）

2　指導の展開例

(1)　指導目標

劇化表現を通して、物語中の人物の行動や心情の表現について理解させることにより、内容を深く読み味わう力を養う。さらに散文と和歌の密接な関連についても理解させる。

(2)　授業展開

①　学習目標を明示する。
②　学習の進め方、学習計画を提示、説明する。
③　歌物語の構造を理解させる。
④　『伊勢物語』第四〇段の構成と内容を把握させる。
⑤　本文を読み、さらに口語訳する。課題プリントを利用する。
⑥　『伊勢物語』第四〇段を脚本化する。
　(ア)　人物の心得、場面等について質問させる。
　(イ)　自分の想像した世界を自由に書かせる。
⑦　完成した脚本の中から、グループごとに劇を演じさせる。

(ア) グループごとに役割を決める。

(イ) グループの中で個々に協力させ、進行の遅いグループは個別指導を含めた指導に加える。

⑧ 各グループの演じた劇について、鑑賞、批評する。

優れている点、問題点などを指導し、話し合う。

3 指導上の留意点

(1) 脚本家の試みは、五、六名のグループ学習とし、男女の会話、親子の会話等について自由に発言させ、情況設定、文章表現を完成させる。その際、脚本化の具体的参考作品を例示する。

(2) 脚本化する場合、和歌やト書きもおろそかにさせない。

(3) 劇化表現は、『伊勢物語』にとどまらず、『平家物語』や漢文教材にも応用でき、場面や登場人物に対して興味や関心を起こさせる契機とすることができる。

4 全体のまとめ

『伊勢物語』第四〇段の劇化を通じて、学習者はその長所として、次のような点を挙げている。

(1) グループ学習により、互いに協力し、自分と相手を理解し高めていく機会となった。

(2) 劇化した作品を演じるということで、発表のよい機会となった。

(3) 劇化するにあたって、どうしたら内容を相手に効果的に伝達できるかじっくり考えることができた。

2 和歌を基にして歌物語を作らせる指導

教材　自主教材
対象　第三学年
配当時間　三時間

1　単元設定の理由

『伊勢物語』等の歌物語の学習における興味づけの一つとして既習の和歌を基にして新しい歌物語を創作する。これは、和歌を中心に据えて前後に文章をつないで構成された歌物語を実際に創作することによって、より確かな理解を図ろうとしたものである。

《資料2》（生徒作品）

①みをつくし　　M・K

昔、難波の国に三里も離れた所からでもはっきり見えるたいそう大きなお城がありました。そのお城は、金箔で飾られていて、舶来の品々がたくさんありました。だから、このお城を初めて見る者はたいそう驚きました。

ある日のことでした。姫は、ある家来と密かにつき合っておりましたが、会っているところを城主の召使いに見つかってしまいました。城主は、思い通りにならないと怒る傲慢な人でしたので、たいそうお怒りになってその家来を分国にやってしまいました。姫は、たいそう悲しんで部屋に閉じこもり泣いていました。そして、姫はこう詠みました。

思ひわびさても命はあるものを
　憂きにたへぬは涙なりけり
ちょうどその頃、その家来もたいそう悲しんでいました。それで姫を思いながら、この歌を詠みました。
　わびぬれば今はたおなじ難波なる
　　みをつくしても逢はむとぞ思ふ
部屋に閉じこもっていた姫の所に家来からの歌が届きました。姫はたいそう喜び、頬に一雫の涙が光りました。姫はすぐに返歌を詠みました。
　瀬をはやみ岩にせかるる滝川の
　　われても末にあはむとぞ思ふ
その色紙には涙の跡がありました。
そのことを知った城主は、あまりに姫をかわいそうと思ったのか、その家来と年に一度会うことを許したそうです。夜空には二つの星が、隣接して光っていました。

②たちばなの花　　　　M・T
昔、ある所に家が隣り合わせであるのに、大変仲が悪い家族が住んでいた。何の訳があったのか、家と家の間には高い塀があり、お互いに顔を合わせていても、あいさつもしないのだから、本当に仲が悪かったのだ。しかし、仲が悪いのは親達だけで、子供達は仲が良かった。男の子と女の子は、こっそりよく遊んでいた。幼な心に親達のことは感じとっていたのだろうか。親の前では決して遊ばなかった。そして、二人の間では、将来を約束するようになった。

子供達も大きくなったある日、偶然に男の方の親が二人の手紙の内容を知ってしまった。薄々は感じていたが、さすがに親は驚いて二人を呼び出し、女の方を非難した。男の方は女をかばって弁解したが、ますます親は怒り出した。

結局、それが原因で、男の方の家族は引っ越すことになった。親達の身勝手で引き離されることになった二人は、どんなに悲しんだことだろう。二人は逃避行も考えたが、まだ幼すぎたため、それもかなわなかった。

それからしばらくして、女は行方がわからなくなった。女の親達は捜したが、とうとう見つからなかった。男の新しい家の近くには、たちばなの木があった。男はそこを通るたびに懐かしい感じがした。

さつき待つ花たちばなの香をかげば
　昔の人の袖の香ぞする

と男は呟きながら、五月になるとそこにいるようになった。

女は花の精になったとかいうことである。

2　指導の展開例

(1)　指導目標

歌物語の創作を通じて、和歌に対する理解を深め、さらに歌物語の構造を理解させる。

(2)　授業展開

①　歌物語の構造を理解させる。

②　歌物語の作品例を提示する。

③　和歌について選択させる。

(ア) 既習の歌の中から選択させる。
(イ) 副読本から選ばせる。
(ウ) 任意の古典の和歌から適当な歌を選んでプリントする。
(必要に応じて口語訳をつける)

④ 歌物語を創作させる。
(ア) 和歌の意味、心情、場面等について質問させる。
(イ) 歌の前後の散文については、字数制限をしないで自由に書かせる。

⑤ 完成した歌物語を鑑賞、批評する。

第一表

主題＼クラス	A	B	C	H	計
1 恋	22	15	19	8	64
2 死	14	9	12	7	42
3 自然	2	12	7	4	25
4 旅	3	0	3	1	7
5 家族	1	6	2	7	16
6 その他	3	2	3	19	27
計	45	44	46	46	181

(ア) 生徒の作品の中から、数編を選んでプリントし配布する。
(イ) 優れている点、問題点などを指摘し、話し合う。

3 指導事項および指導上の留意点

(1) 生徒に歌物語を創作させる際に留意すべき点、また作品を評価する観点とすべき点として、次の三点が挙げられる。

① 基になった歌の意味、心情の理解が正しく行われているか。
② その歌を踏まえて、いかに自由に想像を広げたか。
③ 歌が物語のクライマックスに置かれ、かつ登場人物の心理を凝縮したものになっているか。

(2) あらかじめ歌を与え、その中から生徒に選ばせる場合、さまざまな主題の、そして物語性のある歌を提示すべきである。歌の中に事物、場所、人物像が多少なりとも詠みこまれていると物語を作りやすい。

(3) 物語の舞台を現代に設定してもよい。その場合、登場人物が詠んだという形ではなく、昔の歌を思い出すという設定も考えられる。

4 全体のまとめ

(1) 生徒の歌物語の作品の傾向をみると第一表のようになる。恋と死を主題としたもの（悲恋が含まれることも多い）が約六割を占めている。これは心情的に共感が得られやすいためであろうか。

(2) 反省と今後の課題

実践の結果、次のような効果が認められた。

① 和歌の意味、心情、場面等について理解が深まり、さらに歌物語の構造について理解を深めることができた。
② 課題作文にはない、自由な想像的世界を広げて文章表現することができた。

その反面、次のような点はさらに考慮しなければならないだろう。
① ある程度、和歌や歌物語の学習が進んでからでないと歌物語の創作は困難である。
② 和歌の選択については、生徒が選ぶにしても、教師が提示するにしても、歌物語を創作するという観点に立った十分な検討が必要である。

四　おわりに

「理解」と「表現」を有機的に関連させた指導は、前述のほかにもさまざまな指導の方法が考えられる。
(1) 学習した教材を基に新聞を作らせる指導（『竹取物語』を題材とした「竹取新聞」の創作）
(2) 作品中の人物に手紙を書かせる指導（『徒然草』の作者兼好法師に手紙を書かせる）
(3) 物語の続きを想像して書かせる指導（『伊勢物語』第二四段の章段の途中で文章を切り、その後、物語の続きを想像して書かせる）
(4) 情景や心情について意見文を書かせる指導（『平家物語』の「木曽の最期」を学習して義仲の生き様について意見文を書かせる）

これらは、表現力の素地を作るために、発想、想像力を豊かにする指導法である。そして、実際の授業の中で実践している。

現在も「表現と関連させた古典指導」ということで、模索しながら実践しているが、次のような点が今後の課題である。
(1) 三年間の指導計画の中で、各単元の「理解」と「表現」を系統的に位置付け、継続的・効果的指導が必要である。

(2) 「理解」の問題は定期考査等で実施されるが、「表現」と関連させた問題を出題するなどの総合的な評価が必要であろう。
(3) 国語の表現活動は、学校生活、家庭生活等さまざまな場がある。そうした中で「理解」を深めるための「表現」指導をどのようにしたらよいか、検討が必要である。

以上が、私の実践報告である。今後もよりよい指導法を求めて実践を重ねていきたいと考えている。

〔参考文献〕

(1) 『古典の学習指導―国語Ⅰ・国語Ⅱを中心として―』(文部省　ぎょうせい　昭和五九年八月)
(2) 『「表現」の学習指導―国語Ⅰ・国語Ⅱを中心として―』(文部省　東山書房　昭和五七年二月)

初出一覧

初出は以下に示すとおりである。

各章は、当初より体系的に記述したものでないため、重複部分がある。できる限り用語の統一に心がけた。書き直した箇所もあるが、主旨に変更はない。

第一章　敬語論考

第一節　とはずがたりの丁寧語「侍り」と「候ふ」

とはずがたりの丁寧語「侍り」と「候ふ」「卒業論文集　第五号」都留文科大学国語国文学会　昭和五三年七月

後に「とはずがたりの丁寧語『侍り』と『候ふ』」『解釈』昭和五四年四月

第二節　とはずがたりの尊敬語　『解釈』昭和五五年七月

第三節「如法上下酔ひすぎさせおはしましたる後」考――「如法」の語法――

新稿

第四節『春の深山路』の敬語――「侍り」と「候ふ」――

『日本語日本文学論集』小久保崇明編　笠間書院　平成一九年七月

第二章　古典教育論考

第一節　主体的な読みを支援する古典の指導　平家物語「能登殿の最期」

『国語国文学論考』小久保崇明 編　笠間書院　平成一二年九月

第二節　劇化・物語化に発展させる古典指導

『新しい授業の工夫二〇選 第二集』大平浩哉 編　大修館書店

平成元年四月

参考文献

① 本文　索引　校注　注釈

宮内庁書陵部編『とはずがたり』桂宮本叢書第一五巻・物語一　養徳社　昭和二五年
呉竹同文会注釈『とはずがたり全釈』風間書房　昭和四一年
次田香澄校注『とはずがたり』日本古典全書　朝日新聞社　昭和四一年
伊地知鐵男・桑原博史・福田秀一編『とはずがたり』新典社　昭和四二年
松本寧至訳注『とはずがたり上・下』角川文庫　昭和四三年
玉井　幸助『問はず語り』岩波文庫　昭和四三年
冨倉徳次郎『とはずがたり』筑摩叢書　昭和四四年
次田　香澄『とはずがたり』校注古典叢書　明治書院　昭和四五年
伊地知鐵男『とはずがたり』笠間影印叢刊　笠間書院　昭和四七年
松本　寧至『とはずがたり』桜楓社　昭和五〇年
福田　秀一『とはずがたり』新潮古典集成　昭和五三年
藤平　春男・福田秀一『とはずがたり』鑑賞日本の古典　尚学図書　昭和五六年
井上　宗雄・和田英道『とはずがたり』創英社　昭和五九年
久保田　淳『とはずがたり』完訳日本の古典　小学館　昭和六〇年
次田　香澄『とはずがたり上・下』講談社学術文庫　講談社　昭和六二年
松村　雄二『校注とはずがたり』新典社校注叢書　新典社　平成二年
辻村　敏樹『とはずがたり総索引』笠間書院　平成四年
三角　洋一『とはずがたり・たまきはる』新日本古典文学大系　岩波書店　平成六年

西沢正史・標宮子『とはずがたり』中世日記紀行文学評釈集成　勉誠出版　平成一二年

② 研究書

松本　寧至『とはずがたりの研究』桜楓社　昭和四六年
玉井　幸助『問はず語り研究大成』明治書院　昭和四六年
福田　秀一『中世文学論考』明治書院　昭和五〇年
宮内三二郎『とはずがたり・徒然草・増鏡新見』明治書院　昭和五二年
長野　甞一『中世文学論考』笠間書院　昭和五五年
松本　寧至『中世日記文学の研究』明治書院　昭和五八年
岩井　良雄『とはずがたり語法考』笠間書院　昭和五八年
松本　寧至『物語・日記文学論考』桜楓社　昭和五九年
松本　寧至『中世宮廷女性の日記―『とはずがたり』の世界』中公新書　昭和六一年
渡辺　静子『中世日記文学論序説』新典社　平成元年
藁谷　隆純『中古・中世の敬語』教育出版センター　平成元年
今井卓爾監修石原昭平・津本信博・西沢正史『とはずがたり・中世日記文学の世界』勉誠社　平成二年
祐野　隆三『中世自照文芸研究序説』和泉書院　平成五年
島津　忠夫・上條彰次・廣田哲通編『とはずがたりの諸問題』和泉書院　平成八年
久保田　淳『中世文学の時空』若草書房　平成一〇年
松村　雄二『「とはずがたり」のなかの中世―ある尼僧の自叙伝』臨川書店　平成一一年
岩佐美代子『宮廷女流文学読解考中世編』笠間書院　平成一一年
標　宮子『とはずがたりの表現と心「問うつらさ」から「問はず語り」へ』聖学院大学出版会　平成二〇年

あとがき

筆者は、国語に興味、関心をもち、教職を志し、文学部国文学科に入学した。国文学科は、国語学、古典文学、近代文学、漢文学があり、三年次より専攻に分かれる。筆者は、国語学を専攻し、卒業論文は、国語学の小久保崇明教授の御指導により「『とはずがたり』の国語学的研究」をテーマとした。先生には卒業後も国語学研究の御指導を継続していただいた。さらに、解釈学会に入会し、『解釈』に寄稿したり全国大会で発表したりした。

その後、高校教員として多忙な日々を送った。現職教員派遣で茨城大学大学院教育学研究科修士課程で二年間学んだ。修士論文は、国語教育の小林一仁教授の御指導で「表現指導についての研究」をテーマとし、学問の峻厳さを諸先生に懇切丁寧に御指導いただいた。高校教員として、茨城県教育委員会指導主事、管理職等を歴任した。文部科学省や文化庁などの諸会議に出席し、多くの方から多角的な視点から教育や国語を研究、考察する機会を得た。

当初の研究への情熱を、教職の多忙さを理由に怠惰を重ねたが、そんな姿勢を恩師小久保先生は、激励して下さった。拙い論考が遅ればせながら完成できたのも恩師のお陰である。改めて感謝申し上げる。

「とはずがたり」の研究では、多くの先学の学恩は計り知れない。中でも、山梨県立女子短期大学（後、大東文化大学）教授の次田香澄氏の研究室をお訪ねし御指導いただいた。さらに、二松学舎大学教授松本寧至氏からは、多くの御助言を賜った。また、城西大学教授若林俊英氏には、研究の御助言をいただき、格別の御高配をいただいた。その他多くの先学諸兄より御助言、御指導をいただいた。深く謝意を表する。
最後になったが、本論考の出版を快諾してくださった銀の鈴社西野大介社長、同社西野真由美氏に衷心より御礼申し上げる。

二〇二四年一一月三日

宮内　健治

【は行】

【ま行】

【や行】

【ら行】

【わ行】

【さ行】

【た行】

【な行】

索　　引

凡　例

1　本書で扱った文献名・人名・事項・語や語句などを、一括して記した。

2　文献名・人名・事項は、原則として現代仮名遣いを用い、語・語句の多くは、歴史的仮名遣いを使用した。いずれも五十音順に配列、その所載頁を示す。

著者略歴

宮内健治（元茨城県立藤代高等学校長）

1955年生まれ
茨城県出身。都留文科大学文学部国文学科卒業。茨城大学大学院教育学研究科〈修士課程〉修了。 茨城県立高等学校教諭。茨城県教育研修センター指導主事を経て、茨城県立藤代高等学校長にて退職。

著書
『茨城の文学読本』（ツルヤ出版部）分担執筆
『国語国文学論考』（小久保崇明 編　笠間書院）分担執筆
『日本語日本文学論考』（小久保崇明 編　笠間書院）分担執筆

NDC816
宮内健治
神奈川　銀の鈴社　2024
94頁　21cm（とはずがたりの敬語論考）

定価＝二、〇〇〇円＋税

研究選書
とはずがたりの敬語論考

二〇二四年一二月二〇日（初版）
著　者――宮内健治©
発行人――西野大介
発　行――㈱銀の鈴社　https://www.ginsuzu.com
〒二四八-〇〇一七
神奈川県鎌倉市佐助一-一八-二一　万葉野の花庵
電　話　0467(61)1930
FAX　0467(61)1931

ISBN978-4-86618-174-5　C0018

印刷・電算印刷㈱　製本・渋谷文泉閣
（落丁・乱丁本はおとりかえいたします。）